# CONTEÚDO DIGITAL PARA ALUNOS

Cadastre-se e transforme seus estudos em uma experiência única de aprendizado:

**1** Entre na página de cadastro:
www.editoradobrasil.com.br/sistemas/cadastro

**2** Além dos seus dados pessoais e de sua escola, adicione ao cadastro o código do aluno, que garantirá a exclusividade do seu ingresso a plataforma.

4429610A7766076

CB040636

**3** Depois, acesse: www.editoradobrasil.com.br/leb
e navegue pelos conteúdos digitais de sua coleção :D

*Lembre-se de que esse código, pessoal e intransferível, é valido por um ano. Guarde-o com cuidado, pois é a única maneira de você utilizar os conteúdos da plataforma.*

Editora do Brasil

## BRINCANDO COM OS NÚMEROS

**Jaime Teles da Silva**
Graduado em Pedagogia
Bacharel e licenciado em Educação Física
Especializado em Educação Física Escolar
Professor na rede municipal

**Letícia García**
Formada em Pedagogia
Professora de Educação Infantil

**Vanessa Mendes Carrera**
Mestre em Educação
Pós-graduada em Alfabetização e Letramento
Graduada em Pedagogia
Professora de Educação Infantil e do 1º ano
do Ensino Fundamental

**Viviane Osso L. da Silva**
Pós-graduada em Neurociência Aplicada à Educação
Pós-graduada em Educação Inclusiva
Graduada em Pedagogia
Professora de Educação Infantil e do 1º ano
do Ensino Fundamental

Educação Infantil

Dados Internacionais de Catalogação na Publicação (CIP)
(Câmara Brasileira do Livro, SP, Brasil)

---

Brincando com os números: educação infantil 3 / Jaime Teles da Silva... [et al.]. – São Paulo: Editora do Brasil, 2019.

Outros autores: Letícia García, Vanessa Mendes Carrera, Viviane Osso L. da Silva.

ISBN 978-85-10-07881-8 (aluno)
ISBN 978-85-10-07882-5 (mestre)

1. Educação infantil I. Silva, Jaime Teles da. II. García, Letícia. III. Carrera, Vanessa Mendes. IV. Silva, Viviane Osso L. da.

19-29621          CDD-372.21

---

Índices para catálogo sistemático:
1. Educação infantil   372.21
Maria Alice Ferreira – Bibliotecária – CRB-8/7964

© Editora do Brasil S.A., 2019
Todos os direitos reservados

**Direção-geral:** Vicente Tortamano Avanso

**Direção editorial:** Felipe Ramos Poletti
**Gerência editorial:** Erika Caldin
**Supervisão de arte e editoração:** Cida Alves
**Supervisão de revisão:** Dora Helena Feres
**Supervisão de iconografia:** Léo Burgos
**Supervisão de digital:** Ethel Shuña Queiroz
**Supervisão de controle de processos editoriais:** Roseli Said
**Supervisão de direitos autorais:** Marilisa Bertolone Mendes

**Supervisão editorial:** Carla Felix Lopes
**Coordenação pedagógica:** Vanessa Mendes Carrera
**Edição:** Monika Kratzer
**Assistência editorial:** Ana Okada e Beatriz Pineiro Villanueva
**Auxílio editorial:** Marcos Vasconcelos
**Copidesque:** Ricardo Liberal e Sylmara Beletti
**Revisão:** Andréia Andrade, Elis Beletti, Marina Moura, Martin Gonçalves e Rosani Andreani
**Pesquisa iconográfica:** Amanda Felício
**Assistência de arte:** Leticia Santos
**Design gráfico:** Gabriela César e Megalo Design
**Capa:** Megalo Design
**Imagem de capa:** Vanessa Alexandre
**Ilustrações:** Agueda Horn, Brambilla, Cibele Queiroz, Cláudia Marianno, Desenhorama, Edson Farias, Eduardo Belmiro, Flip Estúdio, Kau Bispo, Lie Nobusa, Lilian Gonzaga, Rodrigo Arraya e Saulo Nunes Marques
**Coordenação de editoração eletrônica:** Abdonildo José de Lima Santos
**Editoração eletrônica:** Adriana Tami, Elbert Stein, Talita Lima e Wlamir Miasiro
**Licenciamentos de textos e produção fonográfica:** Cinthya Utiyama, Jennifer Xavier, Paula Harue Tozaki e Renata Garbellini
**Controle de processos editoriais:** Bruna Alves, Carlos Nunes e Stephanie Paparella

1ª edição / 3ª impressão, 2022
Impresso na Hawaii Gráfica e Editora.

Rua Conselheiro Nébias, 887
São Paulo/SP – CEP 01203-001
Fone: +55 11 3226-0211
www.editoradobrasil.com.br

# APRESENTAÇÃO

**QUERIDA CRIANÇA,**

VAMOS BRINCAR DE APRENDER? AFINAL, QUEM BRINCA APRENDE!

NESTE LIVRO, VOCÊ VAI CONHECER HISTÓRIAS, APRENDER BRINCADEIRAS, RECITAR CANTIGAS E PARLENDAS, BRINCAR DE ADIVINHAR, PINTAR, DESENHAR, REFLETIR SOBRE SITUAÇÕES DO DIA A DIA E COMPARTILHAR EXPERIÊNCIAS COM OS COLEGAS.

VOCÊ TAMBÉM VAI CRIAR E RECRIAR ARTE DO SEU JEITINHO, EXPLORANDO DIVERSOS MATERIAIS E DESCOBRINDO FORMAS CRIATIVAS DE UTILIZÁ-LOS.

FICOU ANIMADA?

ENTÃO, EMBARQUE NESTA DIVERTIDA APRENDIZAGEM E BOA BRINCADEIRA!

**OS AUTORES**

# SUMÁRIO

### GRANDEZAS ............................................................................ 6 A 9
PEQUENO, MÉDIO E GRANDE; MESMO TAMANHO; CURTO E COMPRIDO; MAIOR E MENOR; LARGO E ESTREITO; ALTO E BAIXO; TRAÇADO DE CÍRCULO; TRAÇADO DE CÍRCULO DE ACORDO COM LEGENDA; PINTURA; PINTURA DE ACORDO COM LEGENDA; DESENHO; DESTAQUE E COLAGEM DE ENCARTE.

### OPOSTOS ............................................................................ 10 A 12
ABERTO E FECHADO; QUENTE E FRIO; MOLE E DURO; GÊNERO TEXTUAL: POEMA; GÊNERO TEXTUAL: PARLENDA; RECORTE E COLAGEM DE REVISTAS E JORNAIS.

### POSIÇÃO ............................................................................ 13 A 14
ENTRE; PRIMEIRO, NO MEIO E POR ÚLTIMO; EMBAIXO E AO LADO; GÊNERO TEXTUAL: RECEITAS; DESENHO; GENERO TEXTUAL: CANTIGA.

### DIREÇÃO E SENTIDO ............................................................................ 15 A 17
DIREITA E ESQUERDA; MESMO SENTIDO E SENTIDO CONTRÁRIO; GÊNERO TEXTUAL: POEMA; TRAÇADO DE LABIRINTO; PINTURA; TRAÇADO DE X; DESTAQUE E COLAGEM DE ENCARTE.

### CLASSIFICAÇÃO ............................................................................ 18 A 20
IGUAL E DIFERENTE; MAIOR, MENOR E MESMO TAMANHO; GÊNERO TEXTUAL: TIRINHA; INTERPRETAÇÃO DE TIRINHA; PINTURA; TRAÇADO DE X; TRAÇADO DE CÍRCULO; CLASSIFICAÇÃO E FORMAÇÃO DE CONJUNTO DE ACORDO COM SUA UTILIDADE.

### FIGURAS GEOMÉTRICAS ............................................................................ 21 A 26
CILINDRO; CONE; CUBO; ESFERA; PARALELEPÍPEDO; PIRÂMIDE; BRINCANDO COM ARTE: SÓLIDOS GEOMÉTRICOS; TRAÇADO DE X; TRAÇADO DE CÍRCULO; TRAÇADO DE CÍRCULO DE ACORDO COM LEGENDA; GÊNERO TEXTUAL: ADIVINHA; DESENHO COM BASE EM FIGURAS GEOMÉTRICAS; GÊNERO TEXTUAL: CANTIGA.

### SEQUÊNCIA E SERIAÇÃO ............................................................................ 27 A 29
DO MENOR PARA O MAIOR; DO MAIOR PARA O MENOR; GÊNERO TEXTUAL: ADIVINHA; BRINCANDO COM SITUAÇÕES MATEMÁTICAS: COMPLETAR SEQUÊNCIA; DESTAQUE E COLAGEM DE ENCANTE.

### CORRESPONDÊNCIA ............................................................................ 30 A 34
SÍMBOLOS; MAIS QUE E MENOS QUE; TANTAS QUANTAS; QUANTIDADES; GÊNERO TEXTUAL: POEMA; CORRESPONDÊNCIA UM A UM; COLAGEM DE BOLINHAS DE PAPEL CREPOM; DESENHO; CORRESPONDÊNCIA POR QUANTIDADE.

### QUANTIDADE ............................................................................ 35 A 39
DUPLAS E TRIOS; MAIS E MENOS; A MESMA QUANTIDADE; ÚNICO; CONTAGEM; CORRESPONDÊNCIA UM A UM; TRAÇADO DE X; TRAÇADO DE CÍRCULO; TRAÇADO DE CÍRCULO DE ACORDO COM LEGENDA; PINTURA; PINTURA DE ACORDO COM LEGENDA; GÊNERO TEXTUAL: POEMA.

### NÚMEROS DE 0 A 10 ............................................................................ 40 A 65
FRUTAS; GÊNERO TEXTUAL: ADIVINHA; CONTAGEM; REPRESENTAÇÃO NUMÉRICA DE QUANTIDADES; NENHUM; SEQUÊNCIA NUMÉRICA: ANTES E DEPOIS; COBERTURA DE TRACEJADO DOS NÚMEROS; GRAFIA DOS NÚMEROS; GÊNERO TEXTUAL: POEMA; PINTURA; REPRESENTAÇÃO GRÁFICA DE QUANTIDADES; GÊNERO TEXTUAL: TIRINHA; GÊNERO TEXTUAL: FÁBULA; COLAGEM DE BOLINHAS DE PAPEL CREPOM; TRAÇADO DE X; TRAÇADO DE CAMINHO; DESENHO; PINTURA; PINTURA DE ACORDO COM LEGENDA; DESTAQUE E COLAGEM DE ENCARTE; SISTEMA MONETÁRIO BRASILEIRO; GÊNERO TEXTUAL: RECEITAS; DEZENA; LIGUE-PONTOS; BRINCANDO COM ARTE: JOGO DE NÚMEROS VIZINHOS.

## QUANTIDADE: IGUAL OU DIFERENTE ............................................. 66 A 69
ANIMAIS; GÊNERO TEXTUAL: HISTÓRIA; SINAIS GRÁFICOS; CONTAGEM; GRAFIA DE NÚMEROS; DESENHO.

## NÚMEROS ORDINAIS .............................................................. 70 A 74
CIRCO; CONTAGEM; ORDENAÇÃO; PRIMEIRO E ÚLTIMO; NÚMEROS DE ORDEM; TRAÇADO DE X; TRAÇADO DE CÍRCULO; TRAÇADO DE CÍRCULO DE ACORDO COM LEGENDA; DESTAQUE E COLAGEM DE ENCARTE; DESENHO; PINTURA.

## COMPREENDENDO A ADIÇÃO ................................................... 75 A 84
PARQUE DE DIVERSÕES; SINAL GRÁFICO DA ADIÇÃO; SISTEMA MONETÁRIO BRASILEIRO; GRAFIA DE NÚMEROS; TRAÇADO DE X; TRAÇADO DE CÍRCULO; DESENHO; PINTURA.

## COMPREENDENDO A SUBTRAÇÃO ............................................. 85 A 92
BRINCANDO COM SITUAÇÕES MATEMÁTICAS; SINAL GRÁFICO DA SUBTRAÇÃO; SISTEMA MONETÁRIO BRASILEIRO; GRAFIA DE NÚMEROS; DESENHO; TRAÇADO DE X.

## REPARTINDO EM DUAS PARTES IGUAIS ...................................... 93 A 96
CONTAGEM; MESMA QUANTIDADE; GRAFIA DOS NÚMEROS; DESTAQUE E COLAGEM DE ENCARTE; GÊNERO TEXTUAL: PARLENDA; DESENHO; PINTURA.

## NÚMEROS DE 11 A 20 ............................................................. 97 A 124
CINEMA; CONTAGEM; DEZENA E UNIDADE; COBERTURA DE TRACEJADO DOS NÚMEROS; GRAFIA DOS NÚMEROS; SISTEMA MONETÁRIO BRASILEIRO; MESES DO ANO; DESENHO; PINTURA; PINTURA DE ACORDO COM LEGENDA; DESTAQUE E COLAGEM DE ENCARTE; PINTURA COM TINTA GUACHE; GÊNERO TEXTUAL: POEMA; GÊNERO TEXTUAL: HISTÓRIA; DÚZIA; SEQUÊNCIA NUMÉRICA; TRAÇADO DE X; LIGUE-PONTOS.

## MEDIDAS ............................................................................. 125 A 133
PASSOS, PALMOS, POLEGADAS; MAIS ALTO, MAIS BAIXO, MESMO TAMANHO; INSTRUMENTOS DE MEDIÇÃO; RECORTE E COLAGEM DE REVISTAS; COMPRIMENTO, CAPACIDADE, TEMPO; HORAS; DESTAQUE E COLAGEM DE ENCARTE; GÊNERO TEXTUAL: HISTÓRIAS; TRAÇADO DE X; TRAÇADO DE CÍRCULO; GÊNERO TEXTUAL: OBRA DE ARTE.

## NÚMEROS DE 20 A 100 .......................................................... 134 A 182
BRINCANDO COM SITUAÇÕES MATEMÁTICAS; CONTAGEM; CENTENA, DEZENAS E UNIDADES; AGRUPAMENTO POR DEZENAS; SEQUÊNCIA NUMÉRICA; ANTECESSOR E SUCESSOR; CONTAGEM DE 10 EM 10; SISTEMA MONETÁRIO BRASILEIRO; GRAFIA DE NÚMEROS; DESENHO; GÊNERO TEXTUAL: POEMA; BRINCANDO COM ARTE: BRINQUEDO COM BOLINHAS DE GUDE; BRINCANDO COM ARTE: JOGO DA VELHA; LIGA-PONTOS; GÊNERO TEXTUAL: ADIVINHA; PINTURA DE ACORDO COM A LEGENDA; DESTAQUE E COLAGEM DE ENCARTE.

## TRATAMENTO DA INFORMAÇÃO ............................................. 183 A 186
GÊNERO TEXTUAL: OBRA DE ARTE; GRÁFICO DE BARRAS; GÊNERO TEXTUAL: CANTIGA; TABELA SIMPLES; PINTURA; DESENHO; ELEMENTOS DA NATUREZA; UTENSÍLIOS PARA JARDINAGEM; DESTAQUE E COLAGEM DE ENCARTE.

## HISTÓRIAS E NÚMEROS ........................................................ 187 A 192
GÊNERO TEXTUAL: CONTO; NÚMEROS ORDINAIS; GRAFIA DE NÚMEROS; MESMA QUANTIDADE; ADIÇÃO E SUBTRAÇÃO; AGRUPAMENTO POR DEZENAS; GRÁFICO DE COLUNAS; PINTURA; DESENHO; TRAÇADO DE X; TRAÇADO DE CÍRCULO; DESTAQUE E COLAGEM DE ENCARTE.

## ENCARTES DE ADESIVOS ...................................................... 193 A 200

## ENCARTES DE PICOTES ........................................................ 201 A 208

# GRANDEZAS

ERA UMA VEZ UMA TERRA ENCANTADA COM MUITOS GIGANTES E ANÕES. ELES ADORAVAM BRINCAR DE **PEGA-PEGA**.

USANDO CANETINHA HIDROCOR, CIRCULE DE **VERDE** OS SERES QUE SÃO **GRANDES** E DE **AZUL** OS QUE SÃO **PEQUENOS**.

DEPOIS DA BRINCADEIRA, FICARAM PEGADAS NO CHÃO.
PINTE COM A MESMA COR AS PEGADAS DE **MESMO TAMANHO**.

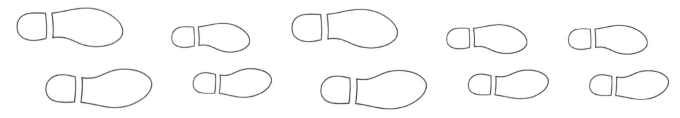

CIRCULE OS GIGANTES COM CAMISA DE MANGA **CURTA** E FAÇA UM **X** NOS GIGANTES COM CAMISA DE MANGA **COMPRIDA**.

DESENHE UM GIGANTE **MAIOR** QUE ESTE.

OS ANÕES ENCANTADOS GOSTAM DE ANDAR BEM ARRUMADOS! CIRCULE OS ANÕES QUE USAM CINTO **LARGO** E PINTE OS QUE USAM CINTO **ESTREITO**.

DESENHE UM ANÃO **MENOR** QUE ESTE.

PINTE DE **VERMELHO** O GORRO DO ANÃO MAIS **ALTO** E DE **AMARELO** O GORRO DO ANÃO MAIS **BAIXO**.

DESTAQUE AS FIGURAS DA PÁGINA 193 E COLE-AS NO QUADRO SEGUINDO A INDICAÇÃO.

| GORRO PEQUENO | GORRO MÉDIO | GORRO GRANDE |
|---|---|---|
|  |  |  |

# OPOSTOS

XI... O COZINHEIRO ESQUECEU AS PANELAS ABERTAS!

DESTAQUE AS FIGURAS DA PÁGINA 193 E TAMPE TODAS AS PANELAS QUE VOCÊ CONSEGUIR.

**SEM TEMPERO NÃO DÁ PÉ**

A COMIDA SEM AMOR E SEM TEMPERO
FICA LAVADA, SEM SABOR E SEM CHEIRO,
SEM O SEGREDO DO COZINHEIRO.
NÃO BASTA DIZER ABRACADABRA.
É PRECISO UMA PITADA
DE CRAVO, PIMENTA E NOZ-MOSCADA. [...]

JONAS RIBEIRO.

AGORA, COMPLETE O QUADRO AO LADO COM O NÚMERO DE PANELAS QUE FICARAM ABERTAS E COM O NÚMERO DAS QUE FICARAM FECHADAS.

| ABERTAS | FECHADAS |
|---------|----------|
|         |          |

VEJA OS ALIMENTOS QUE O COZINHEIRO PREPAROU PARA SERVIR NO RESTAURANTE EM QUE TRABALHA.

CIRCULE DE **VERMELHO** OS ALIMENTOS QUE PARECEM **QUENTES** E DE **AZUL** OS ALIMENTOS QUE PARECEM **FRIOS**.

> TIGELINHA DE ÁGUA FRIA
> QUE CAIU DA PRATELEIRA
> FOI NOS OLHOS DE MARIA
> QUE CHOROU SEGUNDA-FEIRA.
> **PARLENDA.**

RECORTE, DE REVISTAS E JORNAIS, FIGURAS DE ALIMENTOS **DUROS** E **MOLES** E COLE-AS NOS QUADROS SEGUINDO A LEGENDA.

- ALIMENTOS DUROS

- ALIMENTOS MOLES

# POSIÇÃO

AS RECEITAS CULINÁRIAS PODEM SER MUITO SIMPLES E GOSTOSAS! OUÇA A QUE O PROFESSOR LERÁ.

### ÁGUA AROMATIZADA COM HORTELÃ

COLOQUE GELO E TRÊS GALHOS DE HORTELÃ PREVIAMENTE HIGIENIZADOS EM UM LITRO DE ÁGUA. APÓS ALGUNS MINUTOS, A ÁGUA ESTARÁ PERFUMADA, SABOROSA E CHEIA DE ENERGIA.

CÉSAR OBEID. **ABECEDÁRIO DE AROMAS: COZINHANDO COM TEMPERO E POESIA.** SÃO PAULO: EDITORA DO BRASIL, 2017. P. 25.

DESENHE UM GALHO DE HORTELÃ **ENTRE** OS GALHOS QUE VOCÊ VÊ.

AGORA, DESENHE UM BANCO **EMBAIXO** DA MESA E UMA CADEIRA **AO LADO** DA MESA.

É HORA DE PROVAR A ÁGUA AROMATIZADA COM HORTELÃ. AS CRIANÇAS DA TURMA FIZERAM FILA PARA ESPERAR A VEZ DELAS!

NOSSA FILA É UM TRENZINHO,
CADA UM TEM SEU LUGAR!
VOU ANDANDO BONITINHO,
NÃO PRECISA EMPURRAR!

CANTIGA.

**A)** QUANTAS CRIANÇAS ESTÃO NA FILA? _____

**B)** CIRCULE A **PRIMEIRA** CRIANÇA DA FILA.

**C)** DESENHE UMA CRIANÇA DEPOIS DA **ÚLTIMA** DA FILA.

**D)** QUANTAS CRIANÇAS ESTÃO AGORA NA FILA? _____

# DIREÇÃO E SENTIDO

EDUARDO QUER BRINCAR DE BOLA!

PINTE O CAMINHO INDICADO PELAS SETAS PARA LEVAR O MENINO ATÉ A BOLA.

**A BOLA E O CHÁ**

A BOLACHA ALGUÉM COMEU,
O CHÁ DERRAMOU NO CHÃO,
A BOLA PULOU O MURO,
FOI AQUELA CONFUSÃO.

RENATA BUENO; SINVAL MEDINA. **TUBARÃO TOCA TUBA?** SÃO PAULO: EDITORA DO BRASIL: 2012. P. 7.

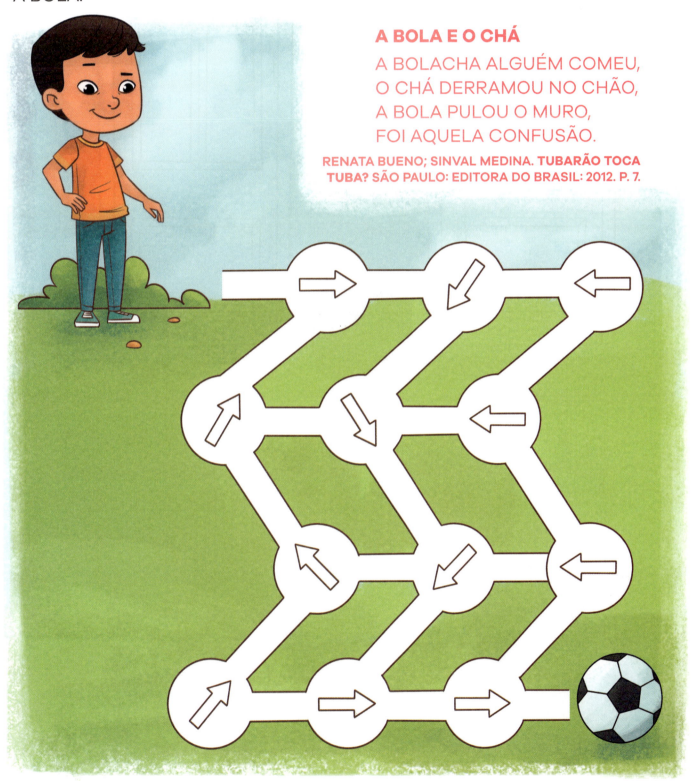

EDUARDO JÁ BRINCOU BASTANTE. AGORA VAI GUARDAR A BOLA EM UM DOS QUARTOS DA CASA.

PINTE A PORTA DA **DIREITA** E FAÇA UM **X** NA PORTA DA **ESQUERDA**.

**A MAÇANETA**

PONDO A MÃO NA MAÇANETA,
A MENINA ABRE A PORTA
E VAI PARA A CASA DA AVÓ,
QUE ESTÁ FAZENDO TORTA.

**RENATA BUENO; SINVAL MEDINA. TUBARÃO TOCA TUBA? SÃO PAULO: EDITORA DO BRASIL, 2012. P. 8.**

EDUARDO DECIDIU BRINCAR DE CORRIDA.

OBSERVE-O E DESENHE UMA CRIANÇA CORRENDO **NO MESMO SENTIDO** QUE ELE.

AGORA, DESTAQUE AS FIGURAS DA PÁGINA 193 E COLE ABAIXO A CRIANÇA QUE ESTÁ CORRENDO NO **SENTIDO CONTRÁRIO** AO DE EDUARDO.

# CLASSIFICAÇÃO

ACOMPANHE COM O PROFESSOR A LEITURA DESTA HISTÓRIA EM QUADRINHOS.

CASCÃO CONSEGUIU ATENDER AO PEDIDO DA MÃE? CONVERSE COM OS COLEGAS A RESPEITO.

OBSERVE AS MARCAS DE MÃO QUE CASCÃO DEIXOU NO CHÃO.

PINTE AS MARCAS **IGUAIS** E FAÇA UM **X** NA MARCA **DIFERENTE**.

CASCÃO PRECISAVA DE UM BANHO PARA FICAR BEM LIMPINHO, VOCÊ NÃO ACHA?

PINTE DA MESMA COR OS SABONETES DE **MESMO TAMANHO**.

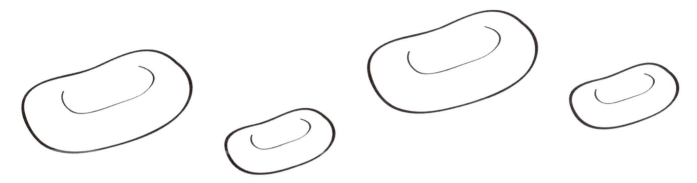

AGORA, OBSERVE OS XAMPUS E CIRCULE O **MAIOR** DELES.

FAÇA UM **X** NA ESPONJA **MENOR**.

**DESTAQUE AS FIGURAS DA PÁGINA 201, CLASSIFIQUE-AS DE ACORDO COM A UTILIDADE DELAS E FORME CONJUNTOS.**

# FIGURAS GEOMÉTRICAS

VOCÊ SE LEMBRA DO NOME DESTES SÓLIDOS GEOMÉTRICOS?
LIGUE-OS AOS OBJETOS QUE SE PARECEM COM ELES.

CUBO.

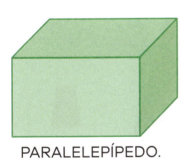

PARALELEPÍPEDO.

E DESTES SÓLIDOS GEOMÉTRICOS, VOCÊ SE LEMBRA?

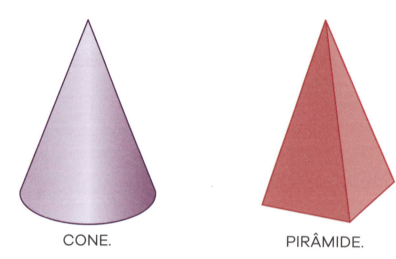

CONE.                    PIRÂMIDE.

AGORA, CIRCULE:

- DE **AZUL** OS OBJETOS QUE LEMBRAM O CONE;
- DE **VERMELHO** OS OBJETOS QUE LEMBRAM A PIRÂMIDE.

ESTES SÓLIDOS GEOMÉTRICOS VOCÊ TAMBÉM CONHECE.
LIGUE-OS AOS OBJETOS COM QUE SE PARECEM.

CILINDRO.

ESFERA.

# BRINCANDO COM ARTE

QUE TAL UMA BRINCADEIRA COM SÓLIDOS GEOMÉTRICOS?

**MATERIAL**:

- RODOS INFANTIS DE BRINQUEDO;
- CAIXAS DE PAPELÃO GRANDES;
- OBJETOS QUE LEMBREM A FORMA DOS SÓLIDOS GEOMÉTRICOS ESTUDADOS;
- FIGURAS IMPRESSAS DESSES SÓLIDOS GEOMÉTRICOS;
- COLA E TESOURA SEM PONTA.

**MODO DE BRINCAR**

1. EM UM ESPAÇO AMPLO, VOCÊ E OS COLEGAS DEVEM SE ORGANIZAR EM GRUPOS E COLOCAR OS OBJETOS SELECIONADOS PELO PROFESSOR DENTRO DE UM CESTO.

2. JUNTOS, PREPAREM AS CAIXAS DE PAPELÃO CORTANDO UM ARCO GRANDE EM UMA DAS LATERAIS E COLANDO, NO TOPO DELA, A FIGURA DE UM SÓLIDO GEOMÉTRICO.

3. DISPONHAM AS CAIXAS NO CHÃO, EM LINHA, VIRADAS COM A ABERTURA PARA BAIXO.

4. UMA CRIANÇA POR VEZ DEVERÁ SORTEAR UM OBJETO DO CESTO, COLOCÁ-LO NO CHÃO E EMPURRÁ-LO COM O RODO PARA DENTRO DA CAIXA CORRESPONDENTE.

**O QUE É, O QUE É?**

UMA SALA TEM QUATRO CANTOS, CADA CANTO TEM UM GATO. CADA GATO VÊ TRÊS GATOS. QUANTOS GATOS HÁ NA SALA?

**ADIVINHA.**

VOCÊ SE LEMBRA DAS FIGURAS GEOMÉTRICAS PLANAS?

PINTE TODAS AS FIGURAS, CIRCULE AS QUE TÊM 4 LADOS E FAÇA UM **X** NA QUE TEM APENAS 3 LADOS.

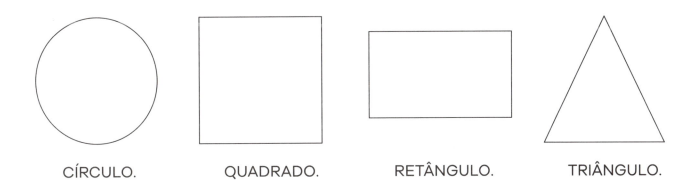

CÍRCULO. QUADRADO. RETÂNGULO. TRIÂNGULO.

FAÇA UM DESENHO COM ESTE CÍRCULO.

QUE TAL CRIAR FIGURAS GEOMÉTRICAS USANDO BRAÇOS, PERNAS OU O CORPO INTEIRO? BASTA TER CRIATIVIDADE!

DESENHE COMO FICARAM AS FIGURAS GEOMÉTRICAS QUE VOCÊ FEZ OU COLE UMA FOTOGRAFIA PARA MOSTRÁ-LAS. VEJA O MODELO AO LADO.

### EU SOU UM BOLINHO DE ARROZ

EU SOU UM BOLINHO DE ARROZ
MEUS BRACINHOS VIERAM SÓ DEPOIS
MINHAS MÃOZINHAS AINDA ESTÃO POR VIR
E EU NÃO TENHO BOQUINHA PRA SORRIR.

**CANTIGA.**

# SEQUÊNCIA E SERIAÇÃO

**O QUE É, O QUE É?**

ESCREVE E NÃO SABE LER,
É MAGRO FEITO UM PALITO
E VIVE ABRAÇADO COM A MÃO.

**ADIVINHA.**

ELISA ESTÁ ORGANIZANDO SEU MATERIAL ESCOLAR. COMPLETE AS SEQUÊNCIAS PARA DESCOBRIR OS SEGREDOS.

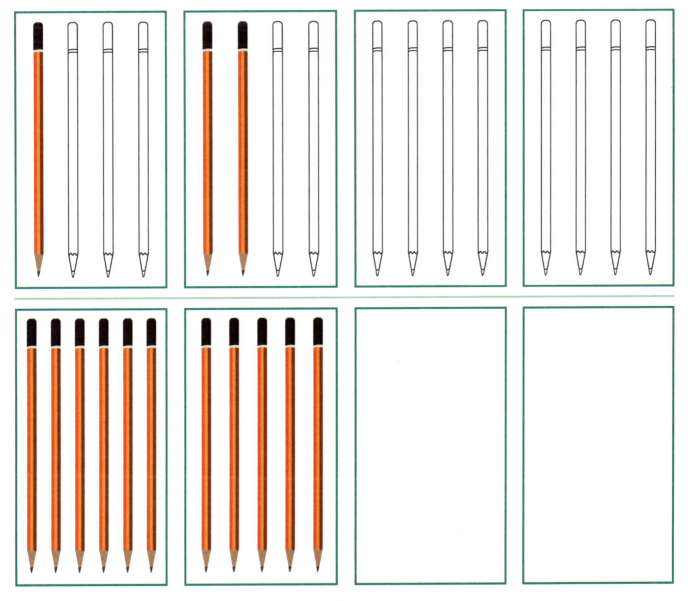

DESTAQUE AS FIGURAS DA PÁGINA 201 E ORGANIZE-AS ABAIXO, CONFORME INDICADO.

- COLE OS CADERNOS DO **MENOR** PARA O **MAIOR**.

- COLE AS BORRACHAS DA **MAIOR** PARA A **MENOR**.

# BRINCANDO COM SITUAÇÕES MATEMÁTICAS

OBSERVE AS SITUAÇÕES E COMPREENDA A HISTÓRIA. AO FINAL, COMPLETE O ÚLTIMO QUADRO SEGUINDO A SEQUÊNCIA.

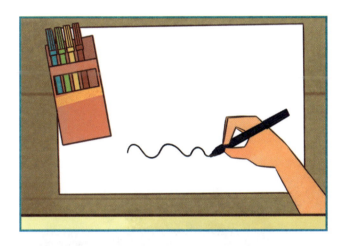
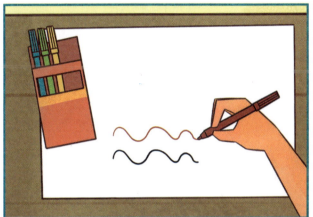
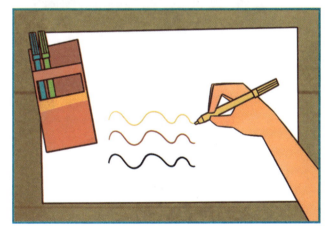
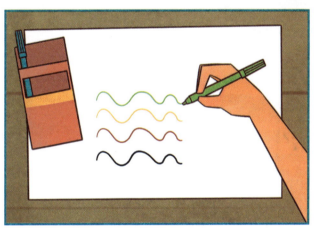
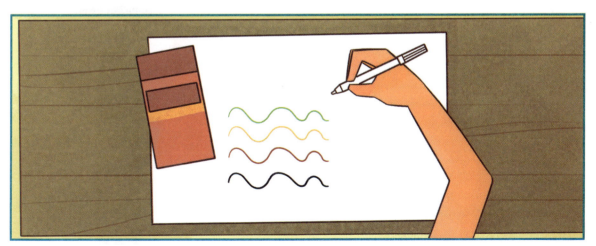

# CORRESPONDÊNCIA

LUCAS E JÚLIA GOSTAM DE SAIR PARA JANTAR COM SEUS PAIS. NO RESTAURANTE, ELES OBSERVARAM O CARDÁPIO.

LIGUE CADA SÍMBOLO DO CARDÁPIO AO PRATO A QUE ELE SE REFERE.

> UMA GARFADA
> É QUANTO VOCÊ COME DE CADA VEZ
> NA HORA DO ALMOÇO AO LONGO DO MÊS.
> **ANDREA VIVIANA TAUBMAN; MARCELO PELLEGRINO. TEM CABIMENTO? SÃO PAULO: EDITORA DO BRASIL, 2017. P. 17.**

SOPAS.

SUCOS.

SALADAS.

SOBREMESAS.

OBSERVE QUANTAS ERVILHAS HÁ NO PRATO DE LUCAS.

COLE GRÃOS DE ERVILHA OU BOLINHAS DE PAPEL CREPOM **VERDE** PARA QUE O PRATO DE JÚLIA FIQUE COM **MAIS** ERVILHAS **QUE** O DE LUCAS.

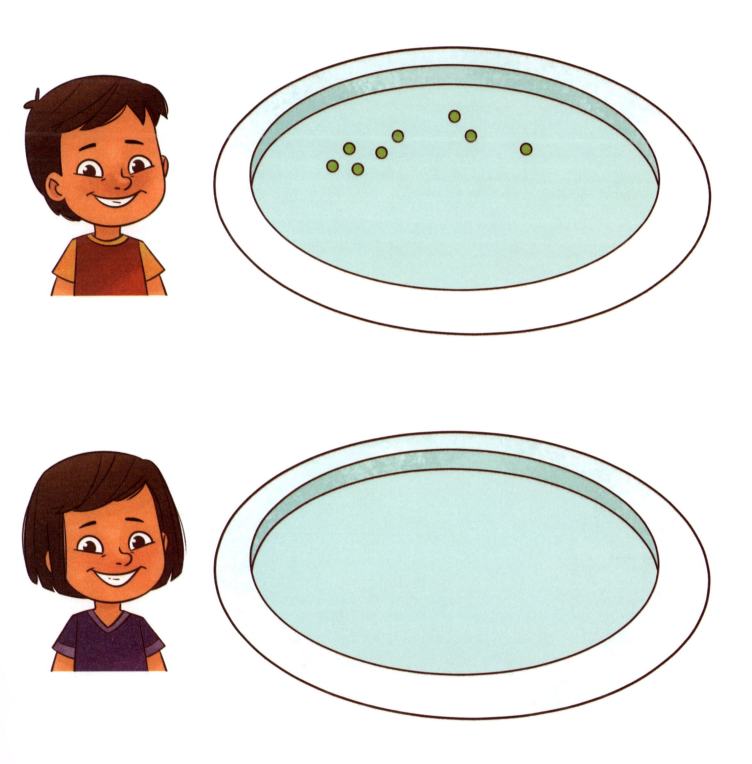

LUCAS E JÚLIA GOSTAM MUITO DE FRUTAS. ELES SEMPRE ACOMPANHAM SEUS PAIS À FEIRA.

**A FRUTA-DO-CONDE**

ONDE ESTÁ A FRUTA-DO-CONDE?
A CONDESSA PASSOU PRO BICO.
E ONDE ESTÁ A CONDESSA?
FUGIU DO CONDE RICO
PARA O PICO DE UM MONTE.
MAS POR QUE ELA FUGIU DO CASTELO?
PORQUE O CONDE BELO FICOU SEM A FRUTA
E NÃO MAIS EXISTIRÁ FRUTA-DO-CONDE;
EXISTIRÁ APENAS CONDE SEM FRUTA. [...]

JONAS RIBEIRO.

A FRUTA PREFERIDA DE LUCAS É A MAÇÃ.

DESENHE NO CESTO VAZIO **MENOS** MAÇÃS **DO QUE** HÁ NO CESTO DE LUCAS.

A FRUTA PREFERIDA DE JÚLIA É A BANANA.

DESENHE NO CESTO VAZIO **TANTAS** BANANAS **QUANTAS** HÁ NO CESTO DE JÚLIA.

NA FEIRA HAVIA MUITAS BARRACAS DE FRUTAS.

LIGUE CADA BARRACA AO NÚMERO QUE REPRESENTA A QUANTIDADE DE FRUTAS QUE HÁ NELA.

**3**

**10**

**5**

**8**

# QUANTIDADE

A PROFESSORA ESTÁ ORGANIZANDO ESTAÇÕES DE BRINCADEIRA NA SALA.

- CIRCULE DE **LARANJA** AS ESTAÇÕES ONDE HÁ **DUPLAS** DE CRIANÇAS.
- CIRCULE DE **VERDE** AS ESTAÇÕES ONDE HÁ **TRIOS** DE CRIANÇAS.

AS CRIANÇAS SE ORGANIZARAM EM **GRUPOS** PARA FAZER UM TRABALHO COLETIVO COM TINTA.

LIGUE CADA GRUPO À MESA EM QUE TODAS AS CRIANÇAS FICARÃO SENTADAS, SEM SOBRAR CADEIRAS VAZIAS.

PINTE A MESA EM QUE HÁ UMA **ÚNICA** CADEIRA.

NA HORA DO LANCHE, AS CRIANÇAS SE SENTARAM EM RODA.

CIRCULE A RODA QUE TEM **MAIS** CRIANÇAS E FAÇA UM **X** NA RODA QUE TEM **MENOS** CRIANÇAS.

OBSERVE AS LANCHEIRAS DAS CRIANÇAS.

PINTE A QUE TEM **MAIS** COMIDA E CIRCULE A QUE TEM **MENOS** COMIDA.

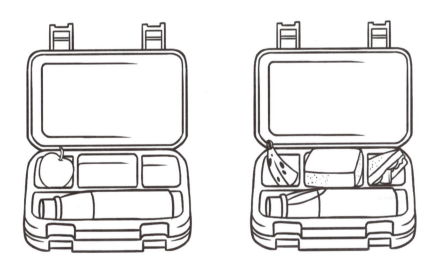

LANCHAR É LOCOMOVER-SE DE LANCHA OU LIMPAR A LANCHEIRA?

**JONAS RIBEIRO. ALFABÉTICO – ALMANAQUE DO ALFABETO POÉTICO.**
SÃO PAULO: EDITORA DO BRASIL, 2015. P. 43.

PARA A AULA DE EDUCAÇÃO FÍSICA, O PROFESSOR ORGANIZOU A TURMA EM DOIS GRUPOS, DISTRIBUINDO COLETES **AZUIS** E **VERMELHOS**.

PINTE OS COLETES DE MODO QUE CADA TIME TENHA A **MESMA QUANTIDADE** DE CRIANÇAS.

OBSERVE A QUADRA DE ESPORTES DA ESCOLA E RESPONDA:

A) QUANTAS CRIANÇAS ESTÃO DE CALÇA? _____

B) QUANTAS CRIANÇAS ESTÃO DE BERMUDA? _____

C) QUANTAS BOLAS DE BASQUETE HÁ? _____

D) QUANTAS BOLAS DE VÔLEI HÁ? _____

# NÚMEROS DE 0 A 10

> **QUEM AQUI QUE ADIVINHA?**
>
> É UM FRUTO GENIAL
> SUA FLOR É SOBERANA
> E ELE É PRIMO DO CACAU.
>
> **CÉSAR OBEID. CORES DA AMAZÔNIA: FRUTAS E BICHOS DA FLORESTA. SÃO PAULO: EDITORA DO BRASIL, 2015. P. 9.**

LIGUE CADA BACIA AO NÚMERO QUE REPRESENTA A QUANTIDADE DE FRUTAS QUE HÁ NELA. DEPOIS, COMPLETE O TRACEJADO DOS NÚMEROS.

ESSA BACIA DE MAMÃO CUSTA 5 REAIS. CIRCULE A MÃO DA PESSOA QUE CONSEGUIRÁ COMPRÁ-LA.

PINTE, EM CADA QUADRO, A QUANTIDADE DE FRUTA INDICADA.

> COM MAIS CORES DA AMAZÔNIA
> SEGUIREMOS A VIAGEM,
> VEJAM O FRUTO DO INGÁ,
> QUE TEM FORMA DE UMA VAGEM.
>
> CÉSAR OBEID. CORES DA AMAZÔNIA: FRUTAS E BICHOS DA FLORESTA. SÃO PAULO: EDITORA DO BRASIL, 2015. P. 13.

| | |
|---|---|
| 1 | 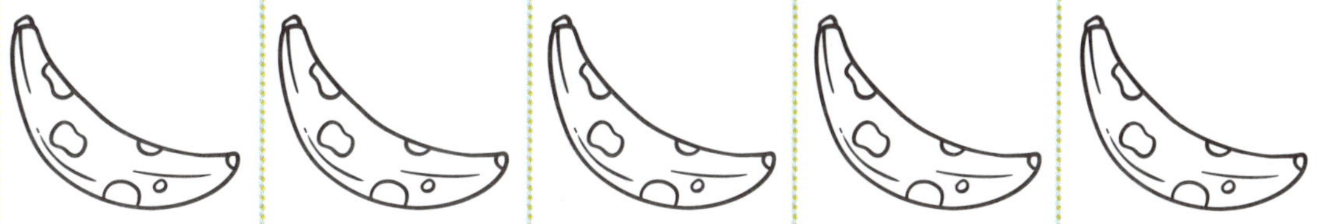 |
| 2 | 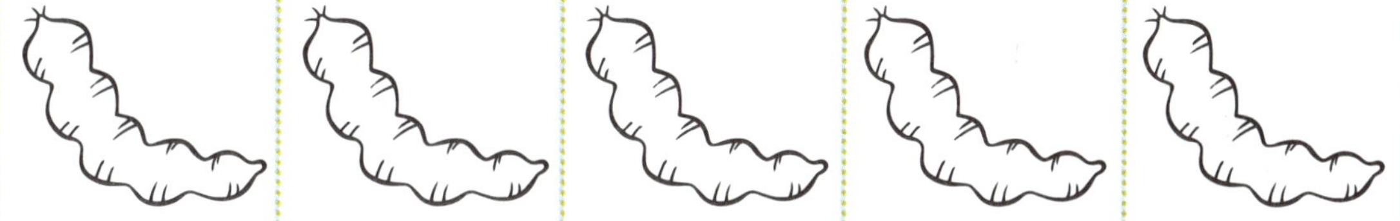 |
| 3 | 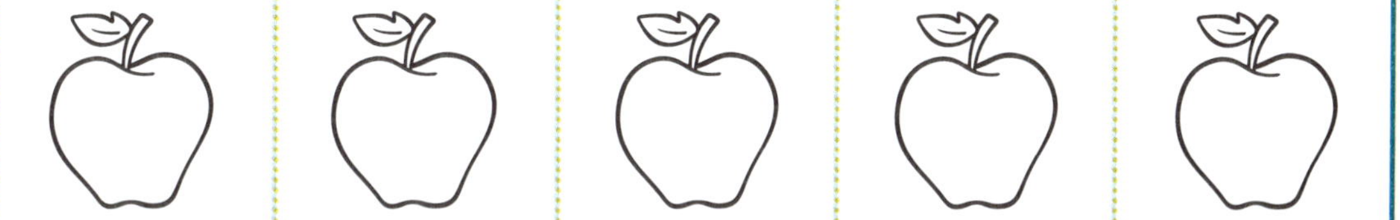 |
| 4 | 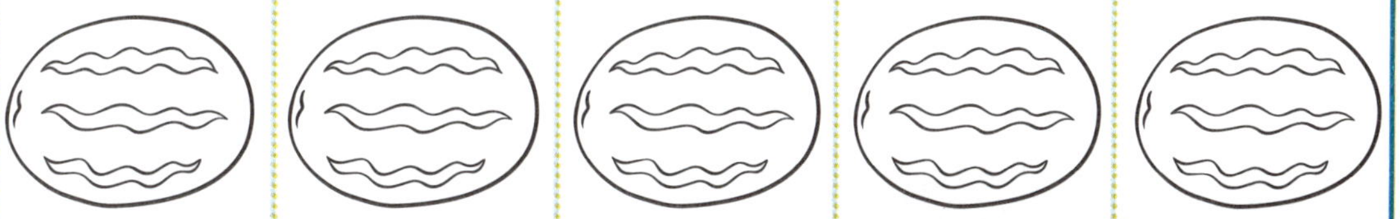 |
| 5 | 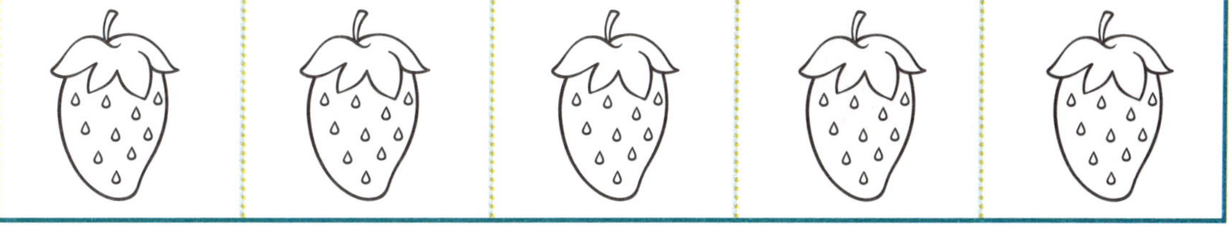 |

OBSERVE OS MORANGOS QUE CAMILA ESTÁ COLHENDO: ALGUNS ESTÃO MADUROS, OUTROS AINDA ESTÃO VERDES.

PINTE UM QUADRINHO PARA CADA TIPO DE MORANGO QUE VOCÊ ENCONTRAR.

UMA CAIXA DE MORANGOS CUSTA 4 REAIS.

CIRCULE O DINHEIRO NECESSÁRIO PARA COMPRÁ-LA.

OBSERVE A TIRINHA.

**A)** QUANTAS MAÇÃS MAGALI PODIA PEGAR? _____

**B)** QUANTAS MAÇÃS SOBRARAM NA ÁRVORE? _____

OBSERVE A QUANTIDADE DE MAÇÃS, CUBRA O TRACEJADO E CONTINUE ESCREVENDO O NÚMERO.

EM CADA CASO, OBSERVE A QUANTIDADE DE MAÇÃS, CUBRA O TRACEJADO E CONTINUE ESCREVENDO O NÚMERO.

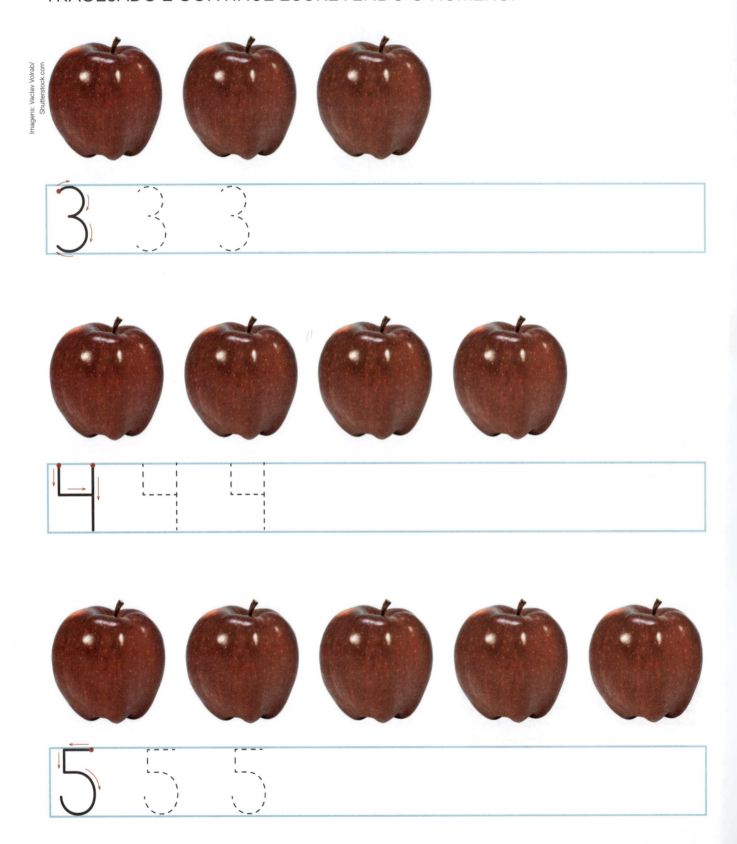

VOCÊ CONHECE A FÁBULA DA RAPOSA E DAS UVAS? ACOMPANHE!

**A RAPOSA E AS UVAS**

UMA RAPOSA FAMINTA PROCURAVA O QUE COMER HAVIA VÁRIOS DIAS. AO VER UM CACHO DE UVAS EM UMA PARREIRA, ELA PULOU PARA PEGÁ-LO, MAS, COMO ESTAVA MUITO FRACA, NÃO CONSEGUIU ALCANÇAR.

MUITO ORGULHOSA, A RAPOSA FOI EMBORA DIZENDO QUE NÃO QUERIA AS UVAS, POIS DEVERIAM ESTAR AZEDAS.

TRECHO DA FÁBULA DE ESOPO RECONTADA PELOS AUTORES.

COLE **5** BOLINHAS DE PAPEL CREPOM **ROXO** NO CABO DO CACHO DE UVAS. DEPOIS, DESENHE A RAPOSA.

QUE OUTRAS FRUTAS VOCÊ CONHECE?

OBSERVE OS CACHOS E MARQUE UM **X** NO QUE TEM **6** UVAS.

CUBRA O TRACEJADO E CONTINUE ESCREVENDO O NÚMERO **6**.

PINTE **6** ELEMENTOS EM CADA QUADRO.

 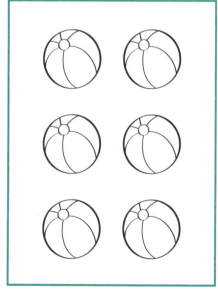 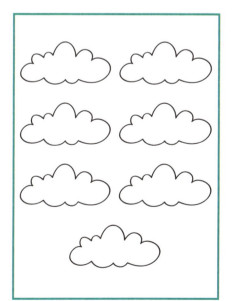

COMPLETE A QUANTIDADE DE UVAS EM CADA CACHO, CONFORME INDICADO.

AGORA, ENCONTRE O CAMINHO QUE LEVA A RAPOSA AO CACHO COM MAIS UVAS.

OBSERVE AS PENCAS E FAÇA UM **X** NA QUE TEM **7** BANANAS.

CUBRA O TRACEJADO E CONTINUE ESCREVENDO O NÚMERO **7**.

PINTE **7** ÁRVORES ENTRE AS ILUSTRADAS ABAIXO.

ENCONTRE **7** GATINHOS ESCONDIDOS NO POMAR E FAÇA UM **X** SOBRE ELES.

**O QUE É, O QUE É?**
O BEBÊ QUE JÁ NASCE COM BIGODES.
ADIVINHA.

QUANTOS GATINHOS SÃO:

- PRETOS? _____

- BRANCOS? _____

- ALARANJADOS? _____

OBSERVE OS PRATOS E MARQUE UM **X** NO QUE TEM **8** AMORAS.

CUBRA O TRACEJADO E CONTINUE ESCREVENDO O NÚMERO **8**.

CONTINUE DESENHANDO ATÉ COMPLETAR **8** FOLHAS.

GELEIA DE FRUTAS É UMA DELÍCIA!

CONTINUE DESENHANDO AS FRUTAS USADAS NAS GELEIAS ATÉ COMPLETAR **8** FRUTAS EM CADA QUADRO.

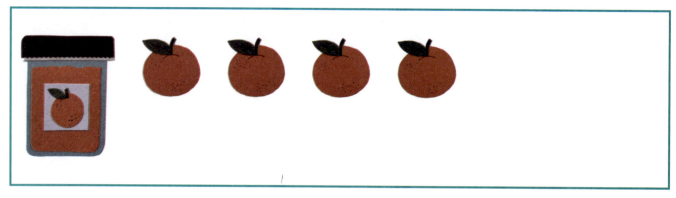

ESCREVA O NÚMERO CORRESPONDENTE À QUANTIDADE DE SEMENTES EM CADA GOIABA.

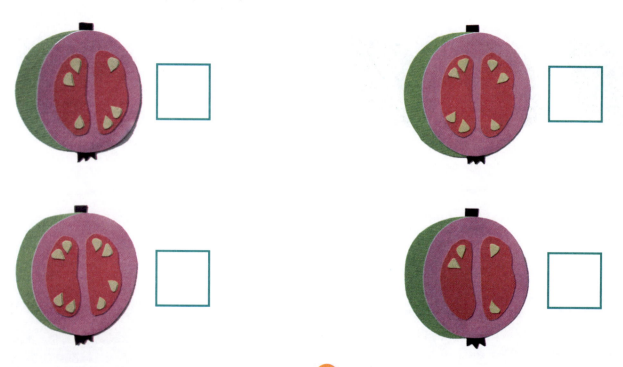

OBSERVE AS JARRAS DE SUCO E PINTE **9** DELAS.

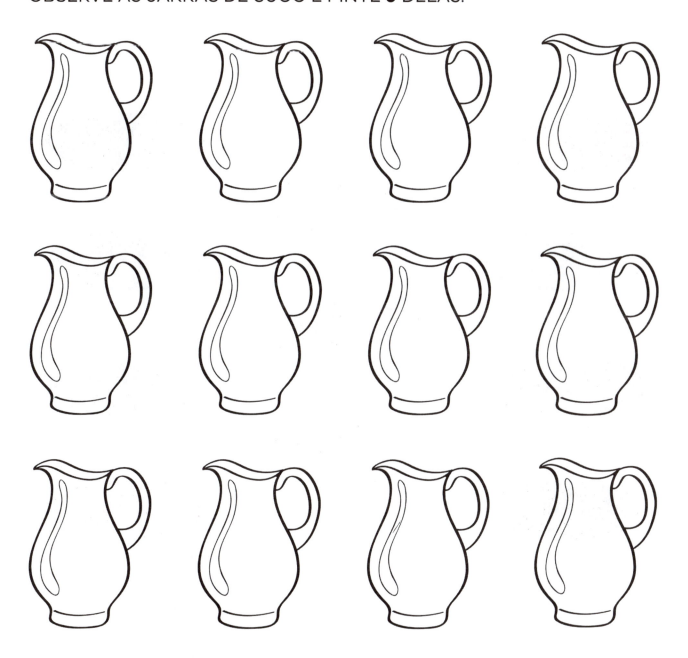

CUBRA O TRACEJADO E CONTINUE ESCREVENDO O NÚMERO **9**.

DESTAQUE AS FIGURAS DA PÁGINA 195 E COLE XÍCARAS DE CHÁ DE HORTELÃ EM **9** PIRES.

UMA XÍCARA DE CHÁ COM BISCOITOS CUSTA **9** REAIS.
CIRCULE O DINHEIRO NECESSÁRIO PARA COMPRÁ-LOS.

- QUANTO DINHEIRO SOBRARÁ? _____

QUE TAL PASSAR GELEIA NOS BISCOITOS?

COM PINCEL E TINTA GUACHE, PINTE OS BISCOITOS PARA IMITAR A COR DA GELEIA. SIGA A LEGENDA.

- PINTE DE **VERDE** 6 BISCOITOS COM GELEIA DE UVA.
- PINTE DE **VERMELHO** 7 BISCOITOS COM GELEIA DE MORANGO.
- PINTE DE **AMARELO** 8 BISCOITOS COM GELEIA DE MARACUJÁ.
- PINTE DE **ROXO** 9 BISCOITOS COM GELEIA DE AMORA.

> EU VI UMA BOLACHA COM GELEIA DANDO UMA BOLACHA EM SUA IDEIA.
> EU VI UM BESOURO LOURO DESAFIANDO UM FORTE TOURO.
>
> **JONAS RIBEIRO.**

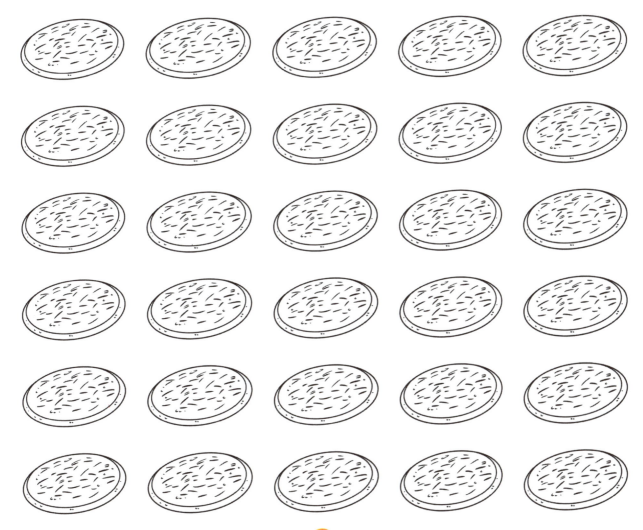

OBSERVE AS BANDEJAS DE BISCOITO E FAÇA UM **X** NAS QUE ESTÃO SEM **NENHUM** BISCOITO.

AGORA, CIRCULE AS TORTINHAS QUE ESTÃO SEM **NENHUM** RECHEIO.

ALGUMAS PESSOAS GOSTARAM MUITO DAS TORTINHAS E JÁ COMERAM TODA A SOBREMESA.

OBSERVE OS PRATOS E FAÇA UM **X** NAQUELES EM QUE NÃO HÁ TORTINHAS.

CUBRA O TRACEJADO E CONTINUE ESCREVENDO O NÚMERO **0**.

PARA FAZER DOCE DE ABACAXI DE SOBREMESA SÃO NECESSÁRIAS ALGUMAS FATIAS DA FRUTA.

CONTINUE DESENHANDO UMA FATIA **A MAIS** DO QUE NO QUADRO ANTERIOR E COMPLETE A SEQUÊNCIA NUMÉRICA.

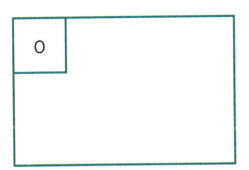

> EU VI UMA MULHER COMENDO UMA COLHER.
> EU VI UM ABACAXI PAPEANDO COM UM CAQUI.
> **JONAS RIBEIRO.**

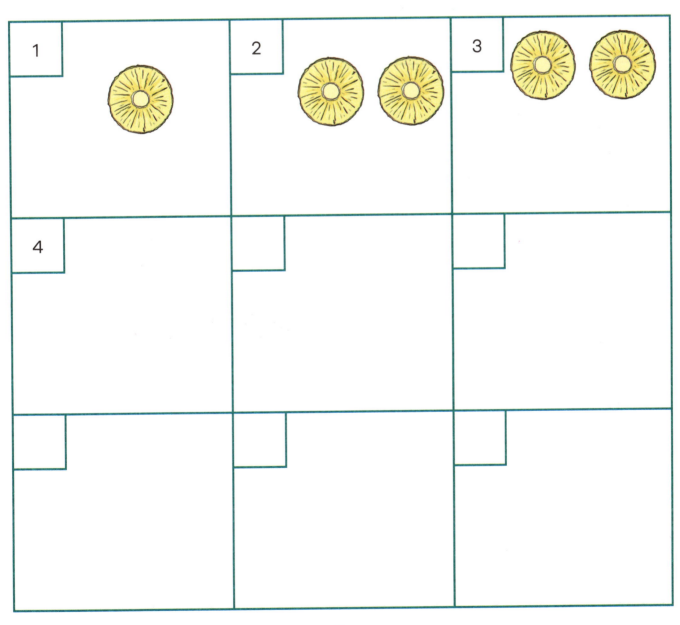

AGORA, OBSERVE OS GOMOS DA MEXERICA.

CONTINUE DESENHANDO UM GOMO DE MEXERICA **A MENOS** DO QUE NO QUADRO ANTERIOR.

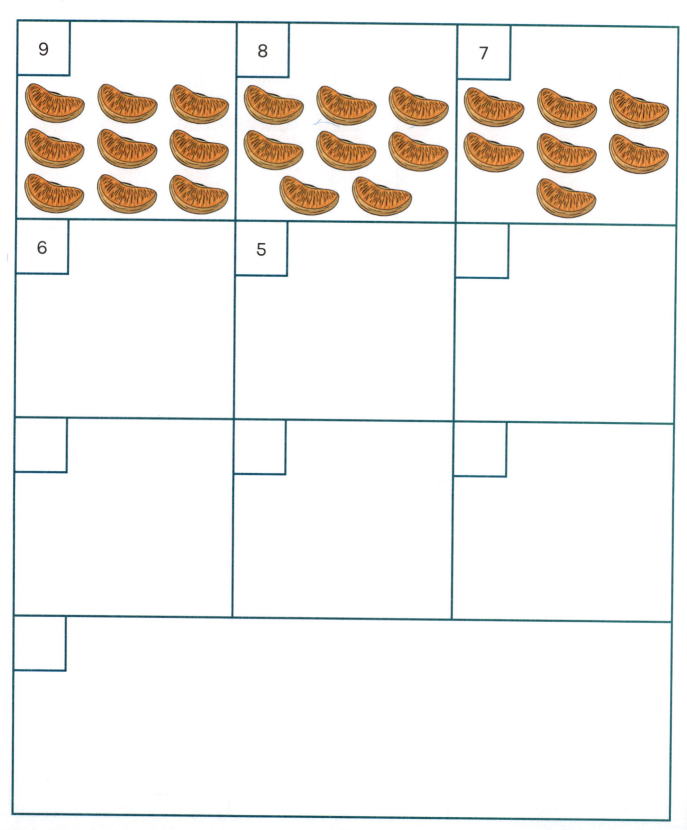

OBSERVE AS PÁGINAS DO LIVRO DE RECEITAS E ESCREVA O NÚMERO DA PÁGINA QUE VEM **DEPOIS**.

29

49

69

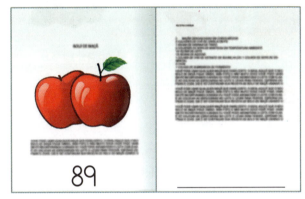
89

AGORA, ESCREVA O NÚMERO DA PÁGINA QUE VEM **ANTES**.

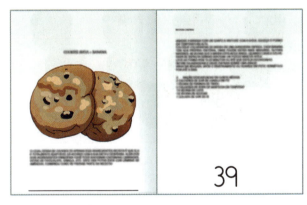
39

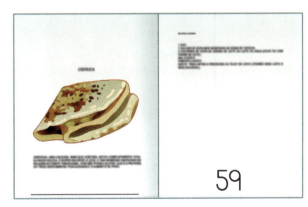
59

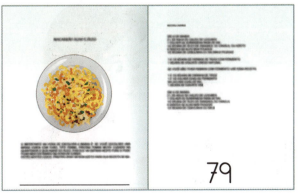
79

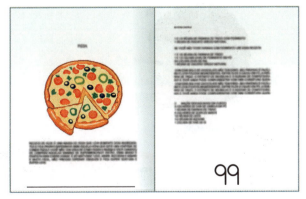
99

# BRINCANDO COM ARTE

QUE TAL CRIAR UM **JOGO DE NÚMEROS VIZINHOS**?

**MATERIAL:** CARTOLINA, TESOURA SEM PONTA, TAMPINHAS DE GARRAFA PET, COLA, CANETINHA HIDROCOR E PAPEL.

**1.** RECORTE FICHAS DE CARTOLINA COM APROXIMADAMENTE 20 CM POR 10 CM. DEPOIS, DIVIDA-AS EM TRÊS PARTES IGUAIS.

**2.** NA PARTE DO MEIO DAS FICHAS, ESCREVA UM NÚMERO DE 1 A 9.

**3.** ESCREVA NÚMEROS DE 0 A 10 EM PAPEL, RECORTE-OS E COLE-OS NAS TAMPINHAS DE GARRAFA PET.

**4.** CADA CRIANÇA SORTEIA UMA CARTELA E A COMPLETA COM AS TAMPINHAS CUJOS NÚMEROS VÊM ANTES E DEPOIS DO NÚMERO JÁ ESCRITO NELA.

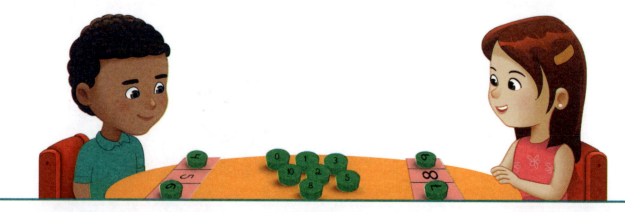

OBSERVE OS LIVROS DE RECEITAS E PINTE **10** DELES.

**10 UNIDADES** É IGUAL A **1 DEZENA**

CUBRA O TRACEJADO E CONTINUE ESCREVENDO O NÚMERO **10**.

10 10

10

AGORA, VAMOS APRENDER A RECEITA DE UM DELICIOSO BOLO DE BANANA! HUMMM...

PINTE A QUANTIDADE INDICADA DE CADA INGREDIENTE E CIRCULE OS QUE SÃO PEDIDOS EM **10**, OU SEJA, UMA **DEZENA**.

- 10 COLHERES DE SOPA DE AÇÚCAR

- 10 COLHERES DE SOPA DE FARINHA DE TRIGO

- 1 COLHER DE SOPA DE FERMENTO EM PÓ

- 3 OVOS

- 10 BANANAS

**MODO DE FAZER**

1. MISTURE OS INGREDIENTES SECOS EM UMA VASILHA.
2. UNTE UMA ASSADEIRA. COLOQUE UMA CAMADA DE BANANAS CORTADAS EM RODELAS E POLVILHE A MISTURA SECA POR CIMA. REPITA AS CAMADAS E FINALIZE COM AS BANANAS POR CIMA.
3. BATA OS OVOS SEPARADAMENTE E DESPEJE SOBRE A ÚLTIMA CAMADA DE BANANAS.
4. LEVE AO FORNO PREAQUECIDO POR 30 MINUTOS.

PINTE **1 DEZENA** DE FATIAS DE BOLO.

LIGUE OS PONTOS DE **1** A **10** E DESCUBRA O QUE APARECERÁ. DEPOIS, PINTE O DESENHO.

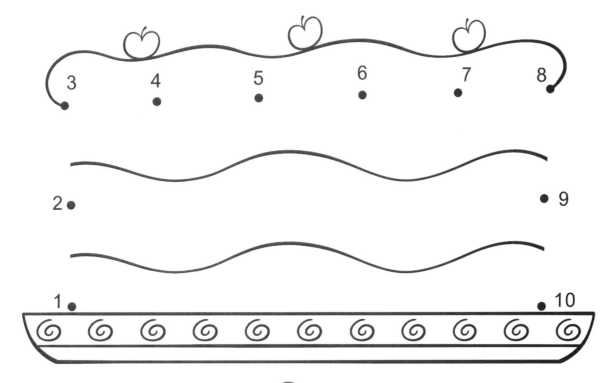

# QUANTIDADE: IGUAL OU DIFERENTE

FILÓ, A JOANINHA, ACORDOU CEDINHO. ABRIU A JANELA DE SUA CASA E DISSE:
– QUE LINDO DIA! VOU APROVEITAR PARA VISITAR MINHA TIA.

**NYE RIBEIRO. DE BEM COM A VIDA. SÃO PAULO: EDITORA DO BRASIL, 2012. P. 4.**

NO JARDIM, MORAM MUITOS BICHINHOS!

QUANTOS BICHINHOS HÁ EM CADA QUADRO? ESCREVA O NÚMERO CORRESPONDENTE.

☐ = ☐

 A QUANTIDADE DE JOANINHAS É **IGUAL** NOS DOIS QUADROS. USAMOS O SINAL = PARA INDICAR **QUANTIDADES IGUAIS**.

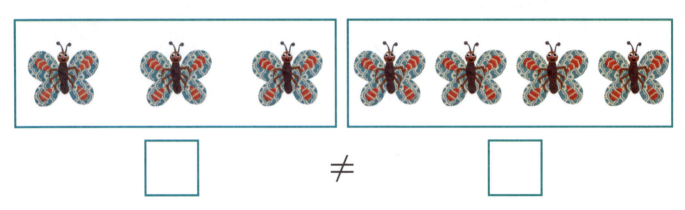

☐ ≠ ☐

 A QUANTIDADE DE BORBOLETAS É **DIFERENTE** NOS DOIS QUADROS. USAMOS O SINAL ≠ PARA INDICAR **QUANTIDADES DIFERENTES**.

E AGORA: **IGUAL** OU **DIFERENTE**?

OBSERVE AS FIGURAS E ESCREVA O SINAL DE = OU ≠, COMPARANDO A QUANTIDADE DE BICHOS EM CADA CASO.

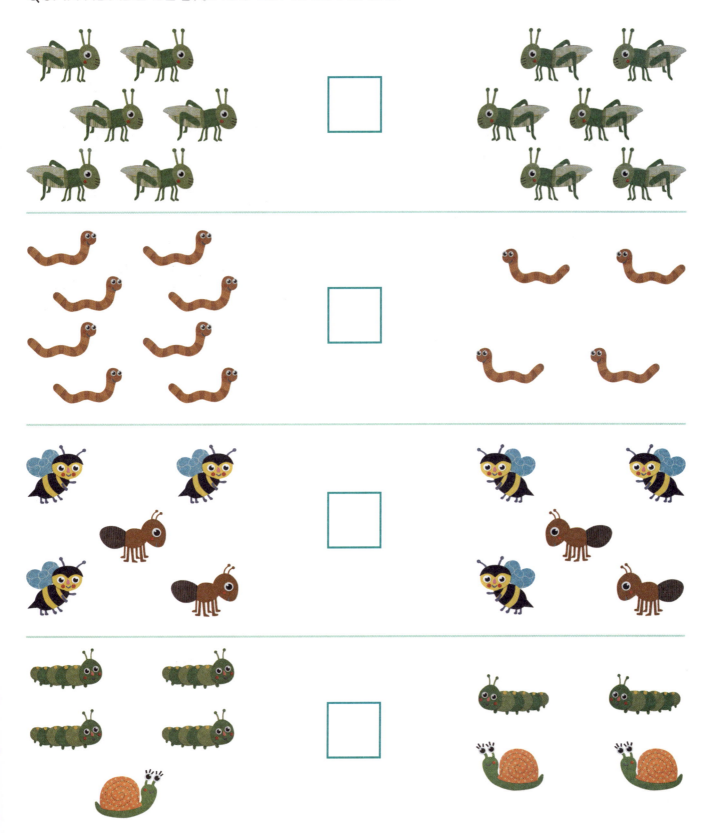

É HORA DO LANCHE DA LAGARTA, E ELA JÁ MORDISCOU ALGUMAS FOLHAS.

OBSERVE AS FIGURAS E COMPLETE OS QUADROS COM O NÚMERO QUE REPRESENTA A QUANTIDADE DE FOLHAS EM CADA UM DELES.

DEPOIS, COMPARE AS QUANTIDADES E ESCREVA = OU ≠.

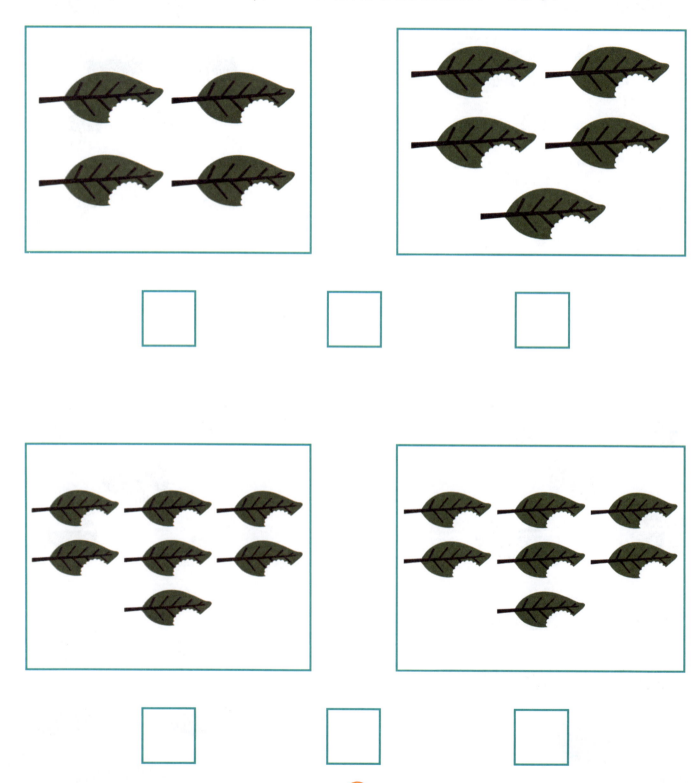

AGORA É SUA VEZ!

ESCOLHA UM BICHINHO DE JARDIM DE QUE VOCÊ GOSTE E DESENHE, EM CADA QUADRO ABAIXO, QUANTIDADES **IGUAIS** DESSE BICHINHO.

DEPOIS, ESCREVA OS NÚMEROS QUE REPRESENTAM AS QUANTIDADES E O SINAL DE IGUAL.

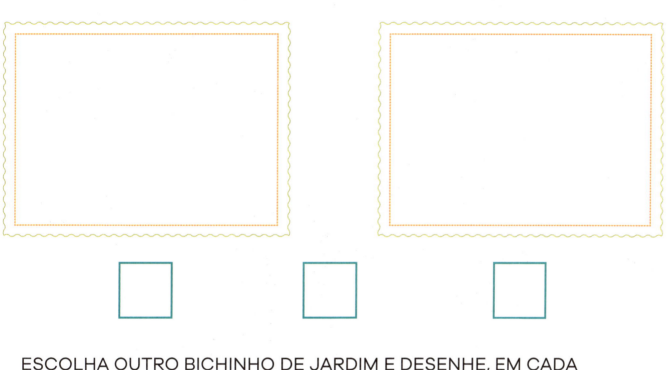

ESCOLHA OUTRO BICHINHO DE JARDIM E DESENHE, EM CADA QUADRO, UMA QUANTIDADE **DIFERENTE** DELE.

DEPOIS, ESCREVA OS NÚMEROS QUE REPRESENTAM AS QUANTIDADES E O SINAL DE DIFERENTE.

# NÚMEROS ORDINAIS

FERNANDO VAI COMPRAR UM INGRESSO PARA O CIRCO. CIRCULE A PRIMEIRA PESSOA DA FILA E FAÇA UM **X** NA ÚLTIMA.

QUANTAS PESSOAS HÁ NA FILA DA BILHETERIA DO CIRCO?
A FILA CONTINUA AUMENTANDO!
DESTAQUE AS FIGURAS DA PÁGINA 203 E COMPLETE A FILA.

QUANTAS PESSOAS HÁ NA FILA AGORA? _____
CIRCULE A OITAVA PESSOA DA FILA.

FERNANDO FOI O PRIMEIRO A SE SENTAR NA PLATEIA DO CIRCO. ELE ESCOLHEU UM LUGAR PERTO DA SAÍDA.

CONTINUE ESCREVENDO NOS QUADROS OS **NÚMEROS DE ORDEM** DE CADA PESSOA SENTADA.

DE QUAL PERSONAGEM DE CIRCO VOCÊ MAIS GOSTA?

DESENHE-O ABAIXO.

NO CIRCO, OS PROFISSIONAIS SE APRESENTARAM NA ORDEM EM QUE ESTÃO DISPOSTOS A SEGUIR.

ESCREVA, NOS QUADROS, O NÚMERO DE ORDEM DE CADA PROFISSIONAL.

**A)** QUANTOS ARTISTAS DE CIRCO VOCÊ VÊ ACIMA? _____

**B)** CIRCULE DE **VERMELHO** O QUE OCUPA A **3ª** POSIÇÃO.

**C)** CIRCULE DE **AZUL** O QUE OCUPA A **5ª** POSIÇÃO.

**D)** CIRCULE DE **VERDE** O QUE OCUPA A **2ª** POSIÇÃO.

**E)** AGORA, PINTE O OBJETO USADO PELO **1ª** ARTISTA.

   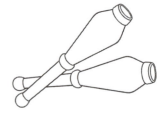

# COMPREENDENDO A ADIÇÃO

LETÍCIA E SUA MÃE, ANA, FORAM AO PARQUE DE DIVERSÕES PARA ANDAR NA RODA-GIGANTE.

OBSERVE A CENA.

CIRCULE O DINHEIRO NECESSÁRIO PARA COMPRAR O INGRESSO DE LETÍCIA PARA O BRINQUEDO.

CIRCULE O DINHEIRO NECESSÁRIO PARA COMPRAR O INGRESSO DE ANA PARA O BRINQUEDO.

QUANTO DINHEIRO ELAS GASTARÃO JUNTAS? DESENHE E ESCREVA O NÚMERO.

_____ REAIS

OBSERVE A RODA-GIGANTE DO PARQUE.

A) QUANTOS BANCOS SÃO **AMARELOS**? _____

B) QUANTOS BANCOS SÃO **ROXOS**? _____

C) QUANTOS BANCOS HÁ NO TOTAL? _____

DEPOIS, LETÍCIA E ANA TAMBÉM SE DIVERTIRAM MUITO NO JOGO DAS ARGOLAS.

CONTE AS ARGOLAS EM CADA PINO PARA DESCOBRIR O TOTAL. VEJA O MODELO.

3 MAIS 4 É IGUAL A 7

OU

3 + 4 = 7

_____ MAIS _____ É IGUAL A _____

OU

_____ + _____ = _____

_____ MAIS _____ É IGUAL A _____

OU

_____ + _____ = _____

_____ MAIS _____ É IGUAL A _____

OU

_____ + _____ = _____

E AGORA, EM QUAL BRINQUEDO LETÍCIA VAI BRINCAR?

FAÇA UM **X** NO DINHEIRO CORRESPONDENTE À ENTRADA DA MONTANHA-RUSSA.

FAÇA UM **X** NO DINHEIRO CORRESPONDENTE À ENTRADA DA MINHOCA.

DESENHE QUANTO DINHEIRO SERIA NECESSÁRIO PARA UMA PESSOA BRINCAR NOS DOIS BRINQUEDOS E ESCREVA O NÚMERO.

_____ REAIS

NO PARQUE TAMBÉM HÁ BRINQUEDOS DE ÁGUA.

EM CADA SITUAÇÃO, CONTE A QUANTIDADE DE BOIAS DE CADA COR, PINTE-AS DE ACORDO COM A QUANTIA QUE VOCÊ CONTOU E DESCUBRA O TOTAL.

DEPOIS, COMPLETE OS ESPAÇOS COM NÚMEROS.

 +  =

_____ BOIAS AZUIS + _____ BOIAS AMARELAS = _____ BOIAS NO TOTAL

+ =

_____ BOIAS AZUIS + _____ BOIAS AMARELAS = _____ BOIAS NO TOTAL

QUANTAS XÍCARAS?

OBSERVE O MODELO E CONTINUE JUNTANDO A QUANTIDADE DE XÍCARAS DO BRINQUEDO.

2 + 3 = 5

_____ + _____ = _____

_____ + _____ = _____

_____ + _____ = _____

O BRINQUEDO DO BARCO É UM DOS PREFERIDOS DE LETÍCIA E ANA.

CONTE QUANTAS PESSOAS HÁ DE CADA LADO DO BARCO. DEPOIS, CALCULE QUANTAS PESSOAS HÁ NO TOTAL.

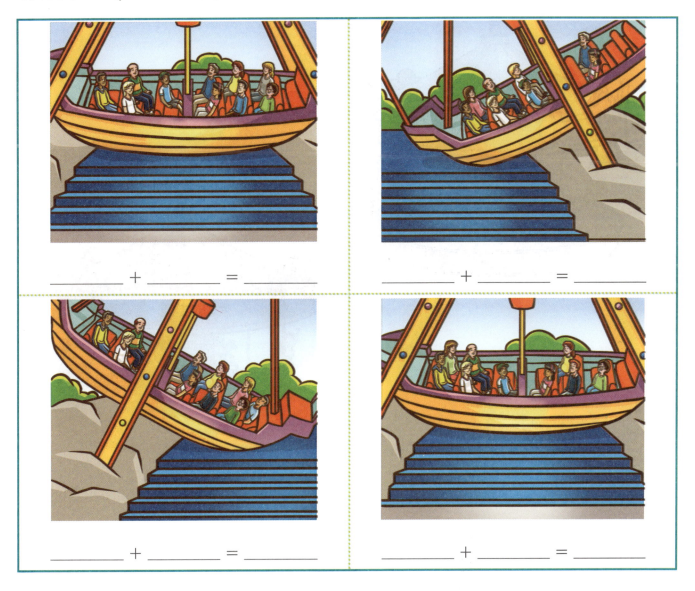

_____ + _____ = _____     _____ + _____ = _____

_____ + _____ = _____     _____ + _____ = _____

O INGRESSO PARA O BRINQUEDO DO BARCO CUSTA 5 REAIS.

CIRCULE O DINHEIRO NECESSÁRIO PARA COMPRAR 2 INGRESSOS E ESCREVA O VALOR TOTAL.

_____ REAIS

QUE DELÍCIA ANDAR NO CARROSSEL!

CONTE QUANTOS CAVALOS ESTÃO COM CRIANÇAS E QUANTOS ESTÃO VAZIOS. DEPOIS, COMPLETE AS SENTENÇAS.

_____ + _____ = _____

_____ + _____ = _____

AGORA É SUA VEZ!

PINTE ALGUNS CAVALOS DE **ROSA** E OUTROS DE **AZUL** E COMPLETE A SENTENÇA.

_____ + _____ = _____

NO FINAL DO DIA, OS CARRINHOS BATE-BATE FICAM ESTACIONADOS EM GRUPOS.

SIGA O MODELO E CONTINUE JUNTANDO OS CARRINHOS.

2 + 2 = 4

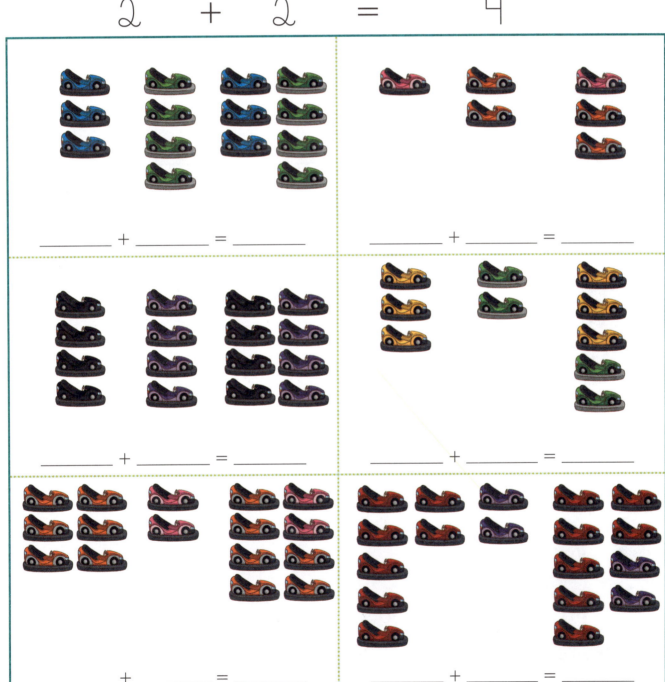

LETÍCIA GOSTOU TANTO DO PASSEIO NO PARQUE QUE RESOLVEU JUNTAR DINHEIRO PARA OUTROS PASSEIOS DIVERTIDOS.

COMPLETE O QUE SE PEDE E DESCUBRA COMO FICARAM AS ECONOMIAS DE LETÍCIA.

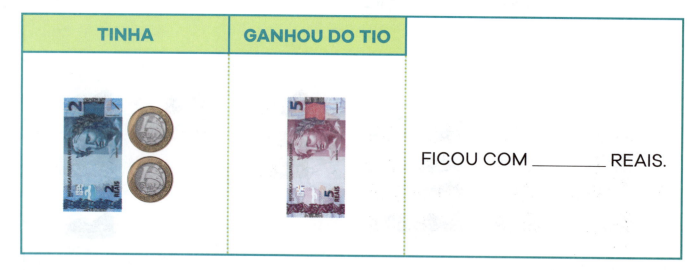

# COMPREENDENDO A SUBTRAÇÃO

**BRINCANDO COM SITUAÇÕES MATEMÁTICAS**

OBSERVE AS SITUAÇÕES E COMPREENDA A HISTÓRIA.

**A)** QUANTOS LANCHES HAVIA NA MESA NO INÍCIO DA HISTÓRIA? _____

**B)** QUANTOS LANCHES FORAM COMIDOS PELAS CRIANÇAS? _____

**C)** QUANTOS LANCHES SOBRARAM NA TRAVESSA? _____

OS PRIMOS AMAM BRINCAR JUNTOS!

LEONARDO E GABRIELA DECIDIRAM BRINCAR COM OS BRINQUEDOS DA PRATELEIRA.

**A)** QUANTOS BRINQUEDOS HAVIA NA PRATELEIRA? _____

**B)** QUANTOS FORAM RETIRADOS DA PRATELEIRA? _____

**C)** QUANTOS BRINQUEDOS SOBRARAM NA PRATELEIRA? _____

LUÍZA E MANUELA DECIDIRAM DESENHAR NOS CADERNOS USANDO GIZ DE CERA.

**A)** QUANTOS CADERNOS HAVIA NA PRATELEIRA? _____

**B)** QUANTOS FORAM RETIRADOS DA PRATELEIRA? _____

**C)** QUANTOS CADERNOS SOBRARAM NA PRATELEIRA? _____

OS PRIMOS DECIDIRAM BRINCAR COM ADESIVOS.

OBSERVE A QUANTIDADE DE ADESIVOS QUE FOI TIRADA DAS CARTELAS DE CADA VEZ E ESCREVA OS NÚMEROS.

- HAVIA _____ ADESIVOS.
- FORAM TIRADOS _____ ADESIVOS.
- SOBRARAM _____ ADESIVOS.

- HAVIA _____ ADESIVOS.
- FORAM TIRADOS _____ ADESIVOS.
- SOBRARAM _____ ADESIVOS.

- HAVIA _____ ADESIVOS.
- FORAM TIRADOS _____ ADESIVOS.
- SOBRARAM _____ ADESIVOS.

LEONARDO E LUÍZA GOSTAM DE BRINQUEDOS DE MONTAR. ELES ESTÃO TIRANDO PEÇAS DE UMA TORRE.

OBSERVE A SITUAÇÃO.

8 MENOS 2 É IGUAL A 6

OU

8 − 2 = 6

ELES CONTINUAM TIRANDO PEÇAS.

CONTE AS PEÇAS E REGISTRE A QUANTIDADE PARA SABER QUANTAS SOBRARAM.

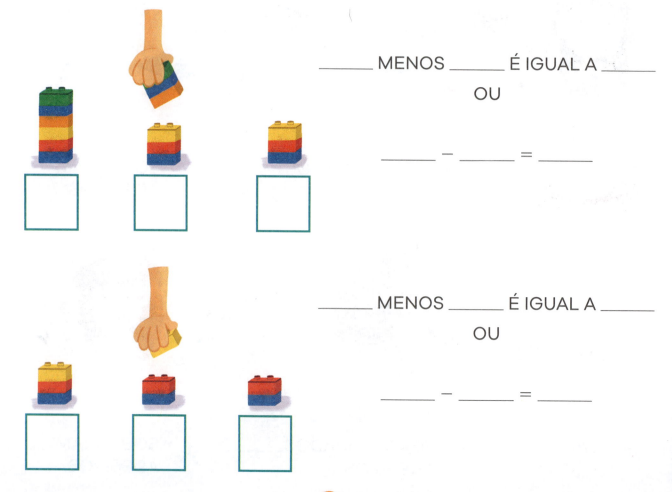

_____ MENOS _____ É IGUAL A _____

OU

_____ − _____ = _____

_____ MENOS _____ É IGUAL A _____

OU

_____ − _____ = _____

DEPOIS, OS PRIMOS RESOLVERAM FAZER CENTOPEIAS DE MASSINHA COM **10** BOLINHAS EM CADA.

DESENHE AS BOLINHAS QUE FALTAM PARA COMPLETAR **10** EM CADA CENTOPEIA E COMPLETE A FRASE.

OUTRA BRINCADEIRA QUE OS PRIMOS ADORAM É LANÇAR BOLINHAS NO ALVO.

CONTE O TOTAL DE BOLINHAS DE CADA ALVO E RESPONDA ÀS PERGUNTAS.

A) QUANTAS BOLINHAS HÁ NO ALVO **A**? _____

B) QUANTAS BOLINHAS HÁ NO ALVO **B**? _____

C) QUANTAS BOLINHAS O ALVO **A** TEM A MAIS QUE O **B**? _____

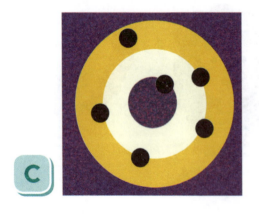

A) QUANTAS BOLINHAS HÁ NO ALVO **C**? _____

B) QUANTAS BOLINHAS HÁ NO ALVO **D**? _____

C) QUANTAS BOLINHAS O ALVO **C** TEM A MAIS QUE O **D**? _____

DEPOIS DE PASSAREM A TARDE BRINCANDO, AS CRIANÇAS FORAM LEVADAS PELA MÃE DE LEONARDO PARA TOMAR UM SORVETE.

OBSERVE QUANTO CADA CRIANÇA USOU PARA COMPRAR O SORVETE E CONTE QUANTO SOBROU DE DINHEIRO PARA CADA UMA DELAS.

**LEONARDO**

TINHA 8 REAIS. | USOU 4 REAIS. | SOBRARAM 4 REAIS.

8 – 4 = 4

**LUÍZA**

TINHA _____ REAIS. | USOU _____ REAIS. | SOBRARAM _____ REAIS.

_____ – _____ = _____

**GABRIELA**

TINHA _____ REAIS. | USOU _____ REAIS. | SOBRARAM _____ REAIS.

_____ – _____ = _____

**MANUELA**

TINHA _____ REAIS. | USOU _____ REAIS. | SOBRARAM _____ REAIS.

_____ – _____ = _____

OS QUATRO PRIMOS ACHARAM DIVERTIDO CONTAR O DINHEIRO E USARAM AS MOEDAS PARA BRINCAR DE TIRAR QUANTIDADES. PARTICIPE TAMBÉM!

QUANTAS MOEDAS HÁ? _____

FAÇA UM **X** EM **2** MOEDAS. QUANTAS MOEDAS SOBRARAM? _____

QUANTAS MOEDAS HÁ? _____

FAÇA UM **X** EM **3** MOEDAS. QUANTAS MOEDAS SOBRARAM? _____

QUANTAS MOEDAS HÁ? _____

FAÇA UM **X** EM **3** MOEDAS. QUANTAS MOEDAS SOBRARAM? _____

QUANTAS MOEDAS HÁ? _____

FAÇA UM **X** EM **1** MOEDA. QUANTAS MOEDAS SOBRARAM? _____

# REPARTINDO EM DUAS PARTES IGUAIS

DESTAQUE AS PEÇAS DA PÁGINA 205 E USE-AS PARA MONTAR DUAS CASAS COM A MESMA QUANTIDADE DE PEÇAS EM CADA UMA.

> A CASINHA DA VOVÓ
> CERCADINHA DE CIPÓ.
> O CAFÉ ESTÁ DEMORANDO,
> COM CERTEZA NÃO TEM PÓ.
> **PARLENDA.**

FALTA UM LADO DO EDIFÍCIO!

DESENHE A METADE QUE FALTA DEIXANDO A MESMA QUANTIDADE DE JANELAS EM CADA LADO. DEPOIS, PINTE O EDIFÍCIO.

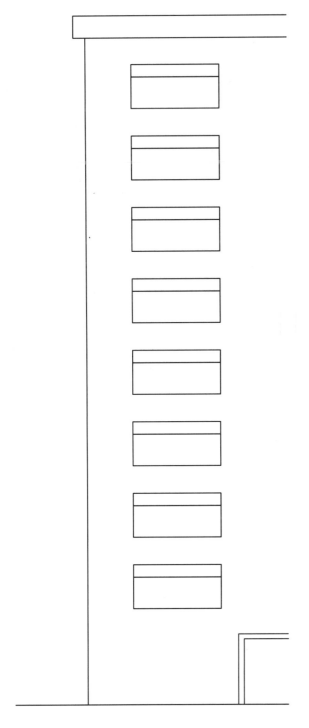

- QUANTAS JANELAS HÁ DO LADO ESQUERDO DO PRÉDIO? _____

- QUANTAS JANELAS VOCÊ DESENHOU? _____

DESTAQUE AS **6** CASINHAS DA PÁGINA 203. COLE-AS NA RUA DE MODO QUE CADA LADO TENHA A MESMA QUANTIDADE DE CASAS.

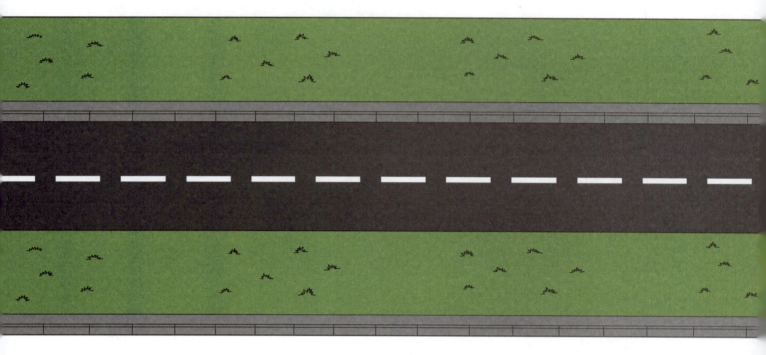

AGORA, DESENHE **10** FRUTAS DE MODO QUE CADA ÁRVORE TENHA A MESMA QUANTIDADE DE FRUTAS.

# NÚMEROS DE 11 A 20

DANIEL GOSTA MUITO DE IR AO CINEMA. ELE COLECIONA OS INGRESSOS DOS FILMES A QUE ASSISTE.

QUANTOS INGRESSOS ELE JÁ TEM?

**10** INGRESSOS          MAIS          **1** INGRESSO
**1** DEZENA DE INGRESSOS MAIS          **1** UNIDADE DE INGRESSO

| DEZENAS | UNIDADES |
|---------|----------|
| 1       | 1        |

ONZE

onze

CUBRA O TRACEJADO E CONTINUE ESCREVENDO O NÚMERO 11.

PINTE **10** PENTES DE **VERDE** E O RESTANTE DE **AMARELO**. DEPOIS, COMPLETE O QUADRO.

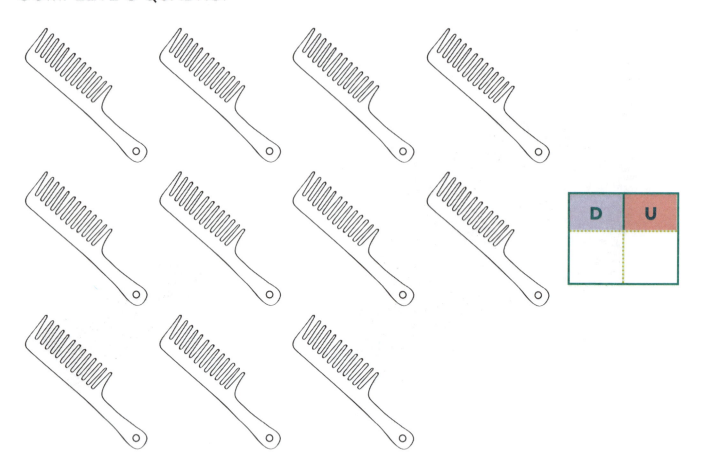

CIRCULE O DINHEIRO NECESSÁRIO PARA COMPRAR ESTE PENTE.

**A)** QUAL É O PREÇO DO PENTE? _____

**B)** QUANTO DINHEIRO HÁ DISPONÍVEL? _____

QUANTOS INGRESSOS DANIEL TEM AGORA?

**10** INGRESSOS         **MAIS**         **2** INGRESSOS
**1 DEZENA** DE INGRESSOS   **MAIS**      **2 UNIDADES** DE INGRESSOS

| DEZENAS | UNIDADES |
|---------|----------|
| 1       | 2        |

12   DOZE
     doze

 12 INGRESSOS CORRESPONDEM A **1 DÚZIA** DE INGRESSOS.

CUBRA O TRACEJADO E CONTINUE ESCREVENDO O NÚMERO 12.

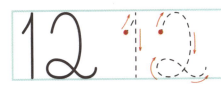

PINTE **1 DÚZIA** DE ESTRELAS DA SEGUINTE FORMA:

- **10** ESTRELAS DE **AMARELO**;
- **2** ESTRELAS DE **AZUL**.

DEPOIS, COMPLETE O QUADRO.

[...] MAS À NOITE NEM SEI SE ESTÁ FRIO OU GELADO. NO MEU CANTINHO... DURMO RELAXADO.

**BIA VILLELA. COMO É SEU DIA, PELICANO? SÃO PAULO: EDITORA DO BRASIL, 2017. P. 20-24.**

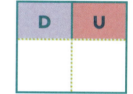

NUMERE OS MESES DO ANO E RESPONDA ÀS PERGUNTAS.

**A)** QUANTOS MESES HÁ NO ANO? _____

**B)** QUAL É O NÚMERO DO MÊS DE SEU ANIVERSÁRIO? _____

VEJA AGORA: QUANTOS INGRESSOS DANIEL TEM?

**10** INGRESSOS       **MAIS**       **3** INGRESSOS
**1** DEZENA DE INGRESSOS   **MAIS**   **3** UNIDADES DE INGRESSOS

| DEZENAS | UNIDADES |
|---------|----------|
| 1       | 3        |

13 TREZE
treze

CUBRA O TRACEJADO E CONTINUE ESCREVENDO O NÚMERO 13.

13 13

13

CONTE QUANTOS RATINHOS HÁ EM CADA GRUPO. DEPOIS, COMPLETE OS QUADROS.

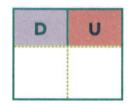
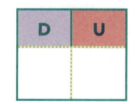
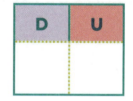

CONTINUE DESENHANDO FATIAS DE QUEIJO ATÉ COMPLETAR **13** FATIAS NO TOTAL.

[...] O RATO CANTA E PULA,
DANÇA MUITO AFOITO.
DESASTRADO, QUEBRA O PÉ,
E NA FESTA, RESTAM OITO. [...]

**CAIO RITER. UMA CASA PARA DEZ.
SÃO PAULO: EDITORA DO BRASIL, 2018. P. 19.**

QUANTOS INGRESSOS DANIEL JUNTOU AGORA?

**10** INGRESSOS            **MAIS**        **4** INGRESSOS
**1 DEZENA** DE INGRESSOS   **MAIS**        **4 UNIDADES** DE INGRESSOS

| DEZENAS | UNIDADES |
|---------|----------|
| 1       | 4        |

  CATORZE

catorze

CUBRA O TRACEJADO E CONTINUE ESCREVENDO O NÚMERO 14.

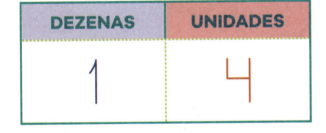

PINTE **10** MOCHILAS DE **VERMELHO** E O RESTANTE DE **AZUL**. DEPOIS, COMPLETE O QUADRO.

[...] SUA MOCHILA TAMBÉM ERA BEM GRANDONA, E O LANCHE QUE IA DENTRO, ENORME E CAPRICHADO. [...]

**TELMA GUIMARÃES. A GRANDE IDEIA. SÃO PAULO: EDITORA DO BRASIL, 2018. P. 6.**

CIRCULE **12** OBJETOS, OU SEJA, **1 DÚZIA** DE OBJETOS QUE VOCÊ CARREGARIA EM SUA MOCHILA.

- QUANTOS OBJETOS HÁ NO TOTAL?

QUANTOS INGRESSOS VOCÊ VÊ AGORA?

**10** INGRESSOS
**1** DEZENA DE INGRESSOS

**MAIS**
**MAIS**

**5** INGRESSOS
**5** UNIDADES DE INGRESSOS

| DEZENAS | UNIDADES |
|---|---|
| 1 | 5 |

QUINZE

quinze

CUBRA O TRACEJADO E CONTINUE ESCREVENDO O NÚMERO 15.

EM CADA PRATELEIRA, AGRUPE **10** LIVROS E FAÇA UM **X** NOS QUE SOBRAREM. DEPOIS, COMPLETE CADA QUADRO COM O TOTAL DE LIVROS.

> [...] AGORA ESTAMOS NA BIBLIOTECA.
> PSSSSIIIU! AQUI, NEM UM RUÍDO!
> HÁ MUITOS, MUITOS LIVROS: SOBRE O MAR, SOBRE AS ESTRELAS, SOBRE LUGARES DISTANTES... [...]
>
> PILAR RAMOS. **A ESCOLA DE INÊS.** SÃO PAULO: EDITORA DO BRASIL, 2010. P. 24.

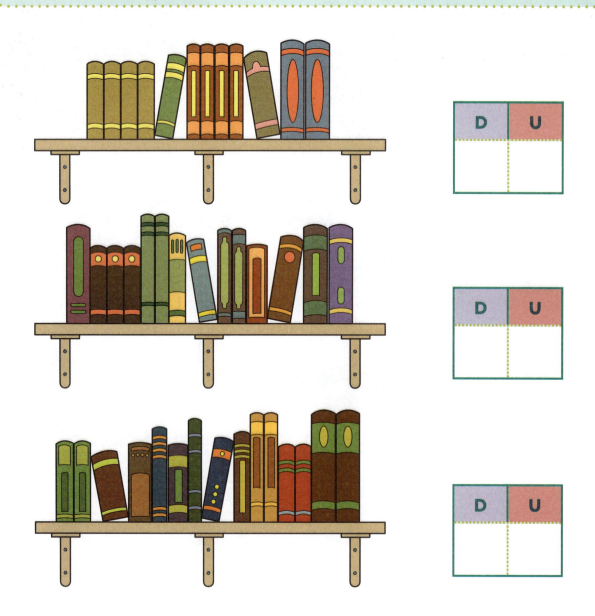

FAÇA UM **/** NA PRATELEIRA QUE TEM **1 DÚZIA** DE LIVROS.

CONTE OS OBJETOS E COMPLETE OS QUADROS.

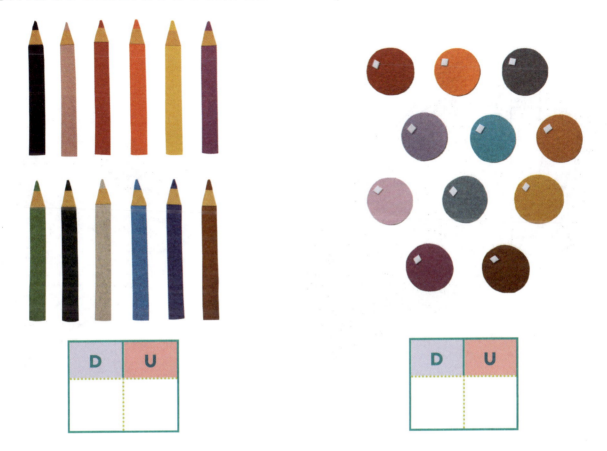

EM CADA COFRINHO, CONTE QUANTO HÁ DE DINHEIRO E REGISTRE O VALOR NOS QUADROS.

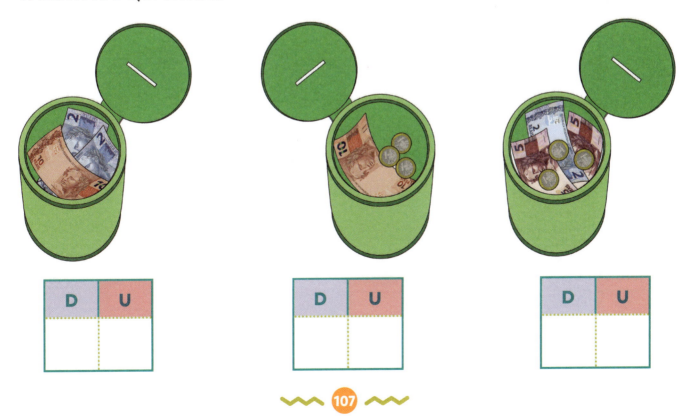

QUANTOS INGRESSOS DANIEL TEM AGORA?

**10** INGRESSOS              MAIS        **6** INGRESSOS
**1 DEZENA** DE INGRESSOS     MAIS        **6 UNIDADES** DE INGRESSOS

| DEZENAS | UNIDADES |
|---------|----------|
| 1       | 6        |

16  DEZESSEIS

*dezesseis*

CUBRA O TRACEJADO E CONTINUE ESCREVENDO O NÚMERO 16.

LIGUE CADA GRUPO DE INSTRUMENTOS MUSICAIS À QUANTIDADE CORRESPONDENTE DE ELEMENTOS.

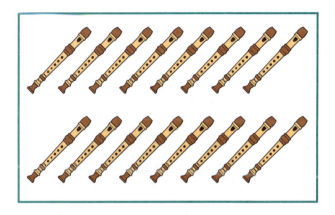

11

13

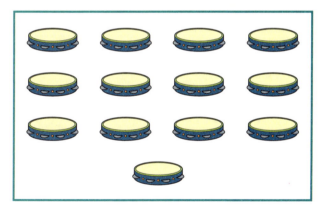

14

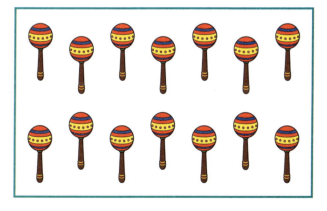

16

E AGORA, QUANTOS INGRESSOS DANIEL JUNTOU?

**10** INGRESSOS
**1 DEZENA** DE INGRESSOS

**MAIS**
**MAIS**

**7** INGRESSOS
**7 UNIDADES** DE INGRESSOS

| DEZENAS | UNIDADES |
|---|---|
| 1 | 7 |

DEZESSETE

dezessete

CUBRA O TRACEJADO E CONTINUE ESCREVENDO O NÚMERO 17.

QUANTAS GOTAS DE CHUVA ESTÃO CAINDO DE CADA NUVEM? ESCREVA NOS QUADROS E, DEPOIS, CIRCULE ONDE HOUVER **MAIS** GOTAS.

### UM GUARDA NA CHUVA

DO OUTRO LADO DA RUA,
ENFRENTANDO A ENXURRADA,
UM GUARDA AJUDA AS PESSOAS
COM A FARDA TODA ENCHARCADA.

**SINVAL MEDINA E RENATA BUENO. TUBARÃO TOCA TUBA? SÃO PAULO: EDITORA DO BRASIL, 2012. P. 5.**

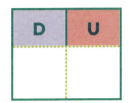 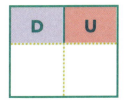

AGORA, FAÇA UM **X** NO DINHEIRO NECESSÁRIO PARA COMPRAR O GUARDA-CHUVA ABAIXO SEM QUE HAJA TROCO.

DANIEL TEM MAIS INGRESSOS. QUANTOS VOCÊ VÊ?

**10** INGRESSOS  
**1 DEZENA** DE INGRESSOS

MAIS  
MAIS

**8** INGRESSOS  
**8 UNIDADES** DE INGRESSOS

| DEZENAS | UNIDADES |
|---------|----------|
| 1 | 8 |

18 DEZOITO  
dezoito

CUBRA O TRACEJADO E CONTINUE ESCREVENDO O NÚMERO 18.

DESTAQUE OS PEIXES DA PÁGINA 195 E COLE-OS ABAIXO. DEPOIS, CONTE QUANTOS PEIXES FICARAM E REGISTRE O TOTAL NO QUADRO.

DESENHE NO AQUÁRIO TODOS OS PEIXES DO POEMA ABAIXO, DO MODO COMO SÃO CITADOS. DEPOIS, CONTE OS PEIXES E REGISTRE A QUANTIDADE NO QUADRO.

**MEU AQUÁRIO**

NO AQUÁRIO QUE COMPREI
HÁ 2 PEIXES VERMELHINHOS,
UM LARANJA, QUE É O REI,
E MAIS 9 AMARELINHOS.
AO TODO, NADANDO JUNTOS,
QUANTOS SÃO OS PEIXINHOS?

**RENATA BUENO. POEMAS PROBLEMAS.
SÃO PAULO: EDITORA DO BRASIL, 2012. P. 5.**

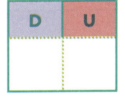

QUANTOS INGRESSOS DE DANIEL VOCÊ VÊ AGORA?

**10** INGRESSOS  MAIS  **9** INGRESSOS
**1** DEZENA DE INGRESSOS  MAIS  **9 UNIDADES** DE INGRESSOS

| DEZENAS | UNIDADES |
|---|---|
| 1 | 9 |

 DEZENOVE

*dezenove*

CUBRA O TRACEJADO E CONTINUE ESCREVENDO O NÚMERO 19.

## QUE LINDO COLAR!

COM BOTÕES COLORIDOS, OLÍVIA VAI FAZER UM COLAR.
TRÊS VERMELHOS E UM AMARELO ESCOLHEU PARA COMEÇAR.
NA SEQUÊNCIA, UM ROXO E UM ROSA E MAIS UM AMARELO PARA COMPLETAR.
AGORA COMEÇA TUDO DE NOVO, NA MESMA SEQUÊNCIA ATÉ ACABAR [...].

RENATA BUENO. **POEMAS PROBLEMAS.** SÃO PAULO: EDITORA DO BRASIL, 2012. P. 15.

CONTINUE DESENHANDO O COLAR ATÉ COMPLETAR **19** BOTÕES AO TODO E REGISTRE ESSA QUANTIDADE NO QUADRO.

AGORA, PINTE O COLAR SEGUINDO A **SEQUÊNCIA** DE CORES INDICADA NO POEMA.

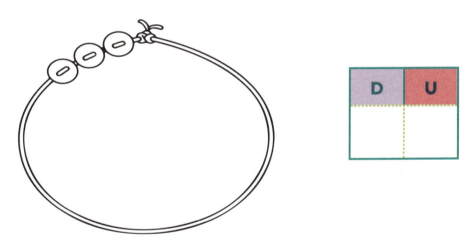

OBSERVE OS COLARES ABAIXO.

CIRCULE AQUELE QUE PODE SER COMPRADO COM TODA A QUANTIA DISPONÍVEL, SEM QUE HAJA TROCO.

QUANTOS INGRESSOS VOCÊ VÊ AGORA?

**20** INGRESSOS         MAIS        **0** INGRESSO
**2 DEZENAS** DE INGRESSOS   MAIS    **0 UNIDADE** DE INGRESSO

| DEZENAS | UNIDADES |
|---------|----------|
| 2       | 0        |

20  VINTE
*vinte*

CUBRA O TRACEJADO E CONTINUE ESCREVENDO O NÚMERO 20.

OS PAPAGAIOS VOARAM, DEIXANDO ALGUMAS PENAS CAÍDAS NO CHÃO.
DESTAQUE AS FIGURAS DA PÁGINA 207 E COLE-AS ABAIXO. DEPOIS, CONTE QUANTAS PENAS HÁ NO TOTAL E REGISTRE O NÚMERO NO QUADRO.

OBSERVE A IMAGEM E ESCREVA NOS QUADROS A QUANTIDADE DE PERIQUITOS **AMARELOS** E DE PERIQUITOS **AZUIS**.

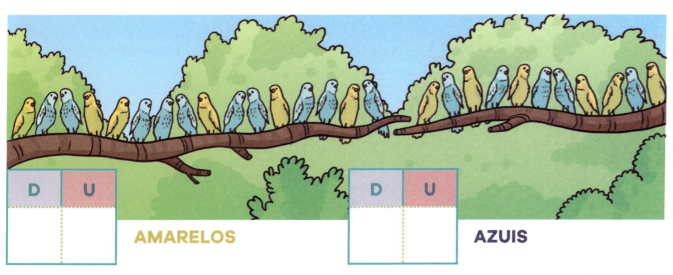

AMARELOS

AZUIS

LIGUE CADA GRUPO DE FIGURAS À QUANTIDADE CORRESPONDENTE.

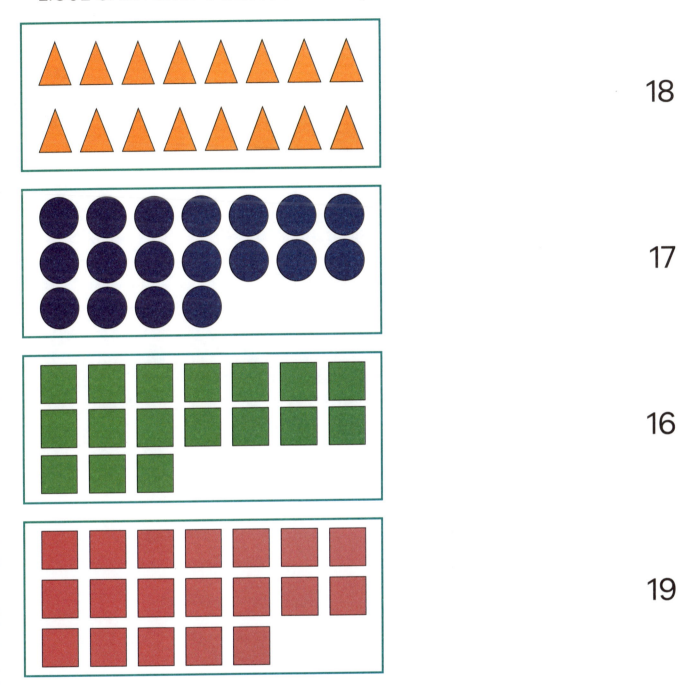

MOLHE O DEDO INDICADOR EM TINTA GUACHE E FAÇA **20** PINTINHAS.

CINEMA É MUITO BOM!

CONTINUE NUMERANDO AS POLTRONAS DO CINEMA OBEDECENDO À SEQUÊNCIA NUMÉRICA.

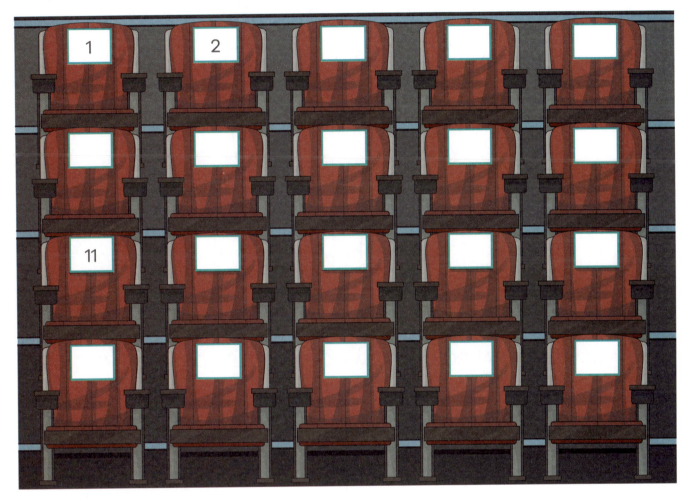

A) CIRCULE A POLTRONA NÚMERO **15**.

B) FAÇA UM **X** NA POLTRONA NÚMERO **7**.

PIPOCA COMBINA COM CINEMA!

DESTAQUE AS FIGURAS DA PÁGINA 197 E COLE **13** PIPOCAS NO BALDE DE PIPOCAS.

LIGUE OS PONTOS SEGUINDO A ORDEM NUMÉRICA. DEPOIS, PINTE O DESENHO FORMADO.

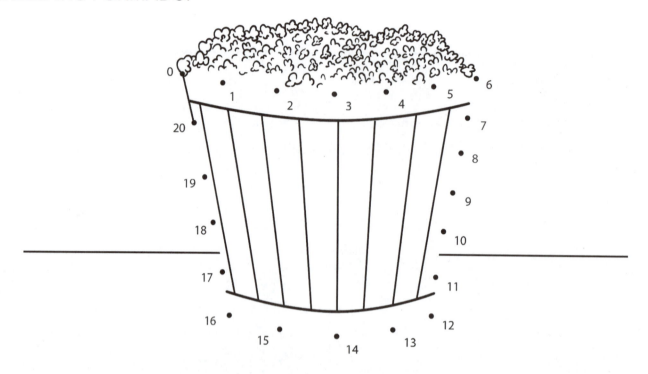

FAÇA UM **X** NO QUADRO QUE TEM A QUANTIDADE DE DINHEIRO EXATA PARA COMPRAR ESTE PACOTE DE PIPOCA.

DESTAQUE AS FIGURAS DA PÁGINA 207 E COLE ABAIXO A QUANTIA EXATA PARA COMPRAR O INGRESSO DE CINEMA.

COLE AQUI O DINHEIRO QUE SOBROU.

- QUAL É O TOTAL DO QUE SOBROU? _____

# MEDIDAS

ALEXANDRE E MARCELA GOSTAM DE BRINCAR NA QUADRA DE ESPORTES. ELES CHUTARAM A BOLA PARA O GOL E FICARAM CURIOSOS PARA SABER A DISTÂNCIA QUE A BOLA PERCORREU.

OBSERVE O QUE ALEXANDRE FEZ PARA MEDIR ESSA DISTÂNCIA.

- QUANTOS PASSOS ALEXANDRE DEU ATÉ O GOL? _____

AGORA, OBSERVE O QUE MARCELA FEZ PARA MEDIR A LARGURA DA TRAVE DO GOL.

- QUANTOS PALMOS TINHA A LARGURA DA TRAVE DO GOL? _____

COMO A BRINCADEIRA DE MEDIR COISAS COM O CORPO ESTAVA DIVERTIDA, AS CRIANÇAS DECIDIRAM COMPARAR O TAMANHO DE SEUS POLEGARES.

CIRCULE QUEM PARECE TER O POLEGAR MAIOR.

[...] MAS UM TIQUINHO DE NADA CABE NA PONTA DO DEDINHO DA FADA! [...]

**ANDREA VIVIANA TAUBMAN E MARCELO PELLEGRINO. TEM CABIMENTO?** SÃO PAULO: EDITORA DO BRASIL, 2017. P. 9.

AGORA, PASSE TINTA GUACHE EM UM DE SEUS POLEGARES E CARIMBE-O VÁRIAS VEZES NA LARGURA DESTE RETÂNGULO PARA DESCOBRIR QUANTAS POLEGADAS ELE TEM. VEJA O MODELO.

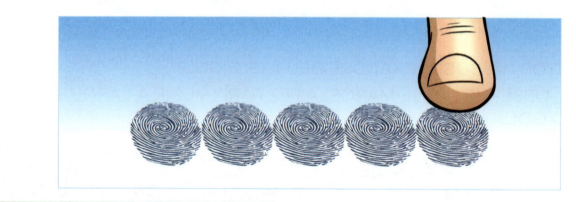

- QUANTAS POLEGADAS SUAS FORAM NECESSÁRIAS PARA COMPLETAR O RETÂNGULO? _____
- COMPARE COM UM COLEGA DA TURMA: VOCÊS USARAM O MESMO NÚMERO DE POLEGADAS? ☐ SIM. ☐ NÃO.

OUTRAS CRIANÇAS APARECERAM PARA BRINCAR NA QUADRA ONDE ALEXANDRE E MARCELA ESTAVAM.

COMPARE A ALTURA DELAS: CIRCULE DE **VERDE** A CRIANÇA MAIS **BAIXA** E DE **VERMELHO**, A MAIS **ALTA**. DEPOIS, LIGUE AS CRIANÇAS DE **MESMO TAMANHO**.

CIRCULE OS INSTRUMENTOS USADOS PARA MEDIR ALTURAS E COMPRIMENTOS.

   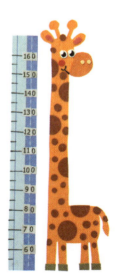

RECORTE DE REVISTAS IMAGENS DE PESSOAS QUE PAREÇAM TER TAMANHOS DIFERENTES E COLE-AS ABAIXO.

HÁ OUTROS INSTRUMENTOS DE MEDIDA ALÉM DOS USADOS PARA MEDIR ALTURAS E COMPRIMENTOS.

CIRCULE DE **AZUL** OS INSTRUMENTOS USADOS PARA MEDIR PESOS E DE **VERMELHO** OS USADOS PARA MEDIR CAPACIDADES DE LÍQUIDOS.

DEPOIS, FAÇA UM **X** NOS USADOS PARA MEDIR COMPRIMENTOS.

OBSERVE A RÉGUA E COMPLETE-A COM OS NÚMEROS QUE FALTAM.

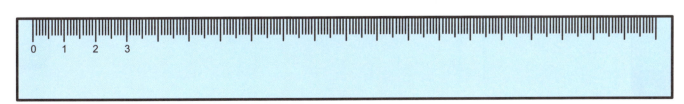

BRINCAR DÁ MUITA SEDE E MARCELA E ALEXANDRE QUEREM TOMAR UM SUCO BEM REFRESCANTE.

LIGUE CADA GARRAFA DE SUCO AOS COPOS QUE VOCÊ ACHA QUE PODEM SER ENCHIDOS COM ELA.

> [...] ...MEDIR UM COPO NÃO É DIFÍCIL, VOCÊ JÁ FEZ ISSO ANTES (AGORA QUERO VER COMO FAZ SE O COPO FOR DO ELEFANTE!). [...]
>
> ANDREA VIVIANA TAUBMAN E MARCELO PELLEGRINO. **TEM CABIMENTO?** SÃO PAULO: EDITORA DO BRASIL, 2017. P. 20.

O TEMPO NÃO PARA DE PASSAR, MAS PODEMOS MEDI-LO.

> [...] SE FOI EM SEGUNDOS, MINUTOS OU HORAS,
> DEMOROU O NECESSÁRIO:
> FOI NO TEMPO CERTINHO
> QUE CABE NO CALENDÁRIO.
>
> **ANDREA VIVIANA TAUBMAN; MARCELO PELLEGRINO. TEM CABIMENTO? SÃO PAULO: EDITORA DO BRASIL, 2017. P. 37.**

- A QUE HORAS MARCELA E ALEXANDRE FAZEM AS ATIVIDADES A SEGUIR? DESTAQUE OS RELÓGIOS DA PÁGINA 205 E COLE-OS NAS CENAS APROPRIADAS.

AS CRIANÇAS COSTUMAM ALMOÇAR ÀS **12 HORAS**, OU SEJA, AO **MEIO-DIA**.

GERALMENTE, ELAS BRINCAM NA QUADRA ÀS **4 HORAS DA TARDE**.

ÀS **9 HORAS DA NOITE**, AS CRIANÇAS VÃO DORMIR.

OBSERVE ESTA OBRA DE ARTE E RESPONDA ÀS PERGUNTAS ORALMENTE.

SALVADOR DALÍ. **A PERSISTÊNCIA DA MEMÓRIA**, 1931. ÓLEO SOBRE TELA, 24 CM × 33 CM.

- QUANTOS RELÓGIOS VOCÊ VÊ?
- ESSES RELÓGIOS SÃO DE PONTEIROS OU DIGITAIS?

LIGUE OS RELÓGIOS DIGITAIS AOS RELÓGIOS DE PONTEIROS QUE MOSTRAM O MESMO HORÁRIO.

# NÚMEROS DE 20 A 100

## BRINCANDO COM SITUAÇÕES MATEMÁTICAS

OBSERVE AS SITUAÇÕES E COMPREENDA A HISTÓRIA.

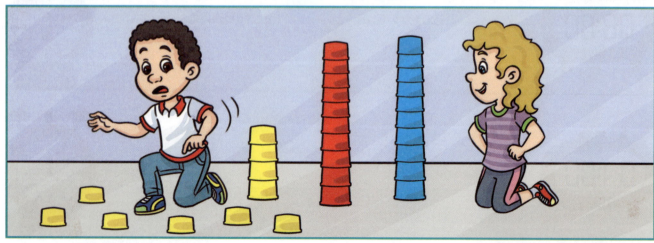

JOÃO GOSTA DE BRINCAR DE EMPILHAR.

CONTE QUANTOS COPOS DE EMPILHAR ELE TEM E REGISTRE A QUANTIDADE NO QUADRO.

**10** COPOS ⟶ **1 DEZENA**

AGORA, COMPLETE SEGUINDO O MODELO.

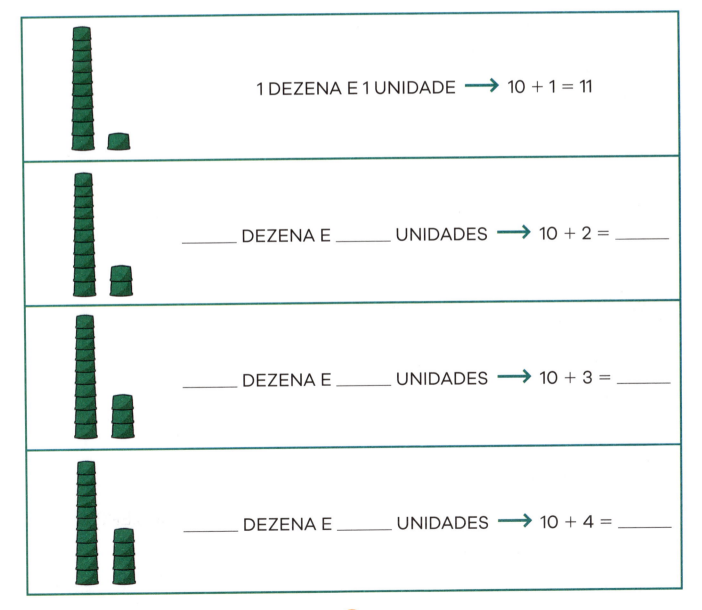

1 DEZENA E 1 UNIDADE ⟶ 10 + 1 = 11

_____ DEZENA E _____ UNIDADES ⟶ 10 + 2 = _____

_____ DEZENA E _____ UNIDADES ⟶ 10 + 3 = _____

_____ DEZENA E _____ UNIDADES ⟶ 10 + 4 = _____

CONTINUE COMPLETANDO.

 _____ DEZENA E _____ UNIDADES ⟶ 10 + 5 = _____

 _____ DEZENA E _____ UNIDADES ⟶ 10 + 6 = _____

 _____ DEZENA E _____ UNIDADES ⟶ 10 + 7 = _____

 _____ DEZENA E _____ UNIDADES ⟶ 10 + 8 = _____

_____ DEZENA E _____ UNIDADES ⟶ 10 + 9 = _____

COMPLETE COM O QUE VEM ANTES E DEPOIS DESTES NÚMEROS.

_____ 12 _____        _____ 15 _____        _____ 18 _____

JOÃO GOSTA DE BRINCAR DE EMPILHAR CUBOS LÓGICOS.

CONTE QUANTOS CUBOS ELE TEM E AGRUPE-OS DE **10** EM **10**. DEPOIS, REGISTRE A QUANTIDADE NO QUADRO.

**20** CUBOS ⟶ **2 DEZENAS**

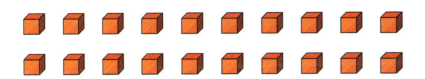
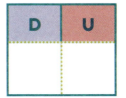

AGORA, COMPLETE SEGUINDO O MODELO.

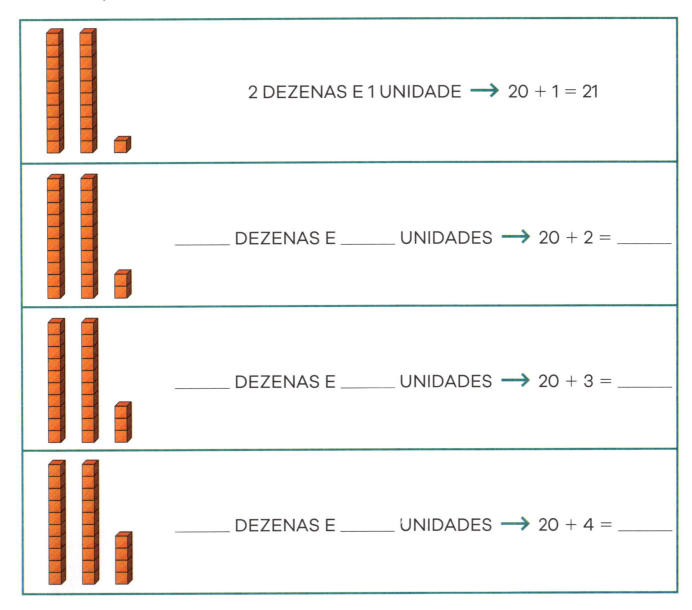

2 DEZENAS E 1 UNIDADE ⟶ 20 + 1 = 21

_____ DEZENAS E _____ UNIDADES ⟶ 20 + 2 = _____

_____ DEZENAS E _____ UNIDADES ⟶ 20 + 3 = _____

_____ DEZENAS E _____ UNIDADES ⟶ 20 + 4 = _____

CONTINUE COMPLETANDO.

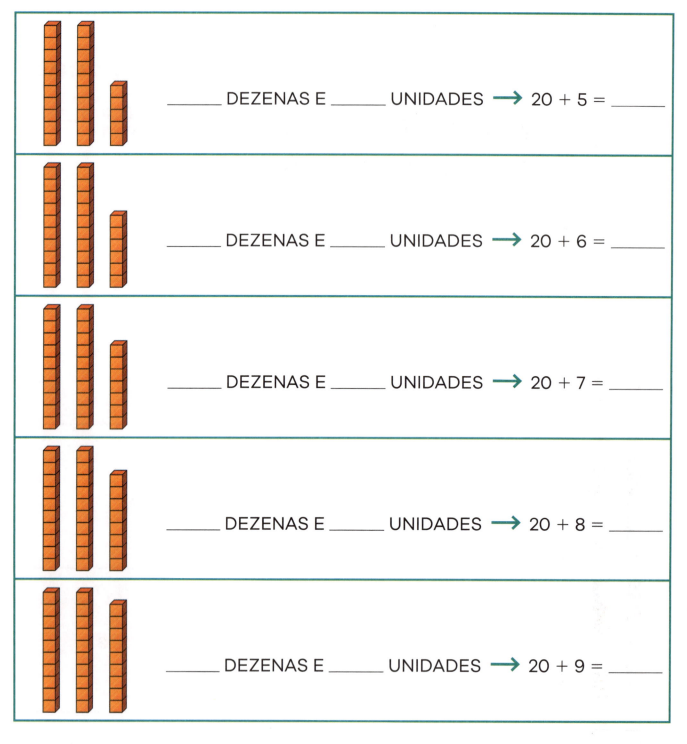

_____ DEZENAS E _____ UNIDADES → 20 + 5 = _____

_____ DEZENAS E _____ UNIDADES → 20 + 6 = _____

_____ DEZENAS E _____ UNIDADES → 20 + 7 = _____

_____ DEZENAS E _____ UNIDADES → 20 + 8 = _____

_____ DEZENAS E _____ UNIDADES → 20 + 9 = _____

COMPLETE A SEQUÊNCIA NUMÉRICA COM OS NÚMEROS QUE FALTAM.

LIGUE A QUANTIDADE DE CUBOS AO NÚMERO CORRESPONDENTE.

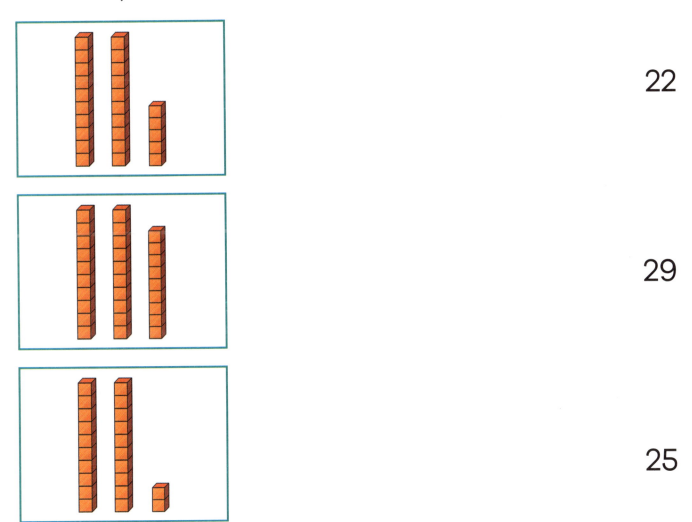

DESENHE TORRES E CUBOS PARA REPRESENTAR OS NÚMEROS INDICADOS.

| 27 | 23 | 26 |
|----|----|----|
|    |    |    |

JOÃO TAMBÉM GOSTA DE BRINCAR COM BOLINHAS DE GUDE.
CONTE QUANTAS BOLINHAS ELE TEM E AGRUPE-AS DE **10** EM **10**. DEPOIS, REGISTRE A QUANTIDADE NO QUADRO.

**30** BOLINHAS ⟶ **3 DEZENAS**

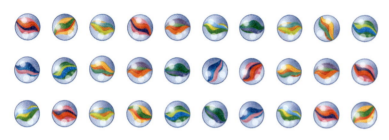

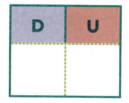

PARA GUARDAR AS BOLINHAS, JOÃO COLOCA **10** EM CADA SAQUINHO. COMPLETE SEGUINDO O MODELO.

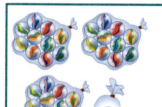   3 DEZENAS E 1 UNIDADE ⟶ 30 + 1 = 31

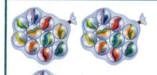   _____ DEZENAS E _____ UNIDADES ⟶ 30 + 2 = _____

   _____ DEZENAS E _____ UNIDADES ⟶ 30 + 3 = _____

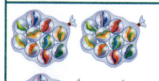   _____ DEZENAS E _____ UNIDADES ⟶ 30 + 4 = _____

CONTINUE COMPLETANDO.

| | |
|---|---|
| | _____ DEZENAS E _____ UNIDADES → 30 + 5 = _____ |
| | _____ DEZENAS E _____ UNIDADES → 30 + 6 = _____ |
| | _____ DEZENAS E _____ UNIDADES → 30 + 7 = _____ |
| | _____ DEZENAS E _____ UNIDADES → 30 + 8 = _____ |
| | _____ DEZENAS E _____ UNIDADES → 30 + 9 = _____ |

EM CADA CASO A SEGUIR, ESCREVA O NÚMERO QUE VEM ANTES E DEPOIS.

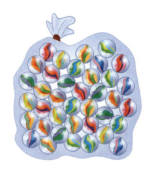 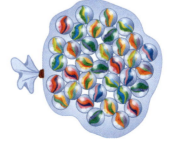 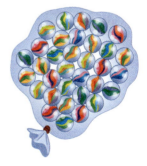

_____ 38 _____    _____ 35 _____    _____ 33 _____

OBSERVE A CENA, CONTE AS BOLINHAS DE GUDE E RESPONDA ÀS PERGUNTAS COMPLETANDO OS QUADROS.

[...] PÁTIO REDONDO E LARGO,
CHÃO DE TERRA BATIDA,
SOMBRA DE ÁRVORES ALTAS.
LANCHE EMBRULHADO EM PANO BRANCO,
GOSTO IGUAL DE CADA DIA.
PIQUE-PEGA, ESCONDE E COLA,
SUOR, SEDE E ALEGRIA. [...]

REGINA RENNÓ. **LÁPIS DE COR.** SÃO PAULO: EDITORA DO BRASIL, 2009. P. 16.

**A)** QUANTAS BOLINHAS HÁ DENTRO DO CÍRCULO?

**B)** QUANTAS BOLINHAS SOLTAS NO CHÃO HÁ AO TODO?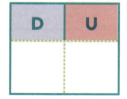

COMPLETE O QUADRO MANTENDO A SEQUÊNCIA NUMÉRICA.

| 10 | 11 |    |    |    |    |    |    |    |    |
|----|----|----|----|----|----|----|----|----|----|
| 20 |    | 22 |    |    |    |    |    |    | 29 |
| 30 |    |    |    |    |    |    |    |    |    |

# BRINCANDO COM ARTE

QUE TAL CONSTRUIR UM BRINQUEDO COM BOLINHAS DE GUDE?

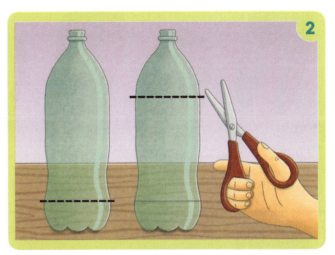

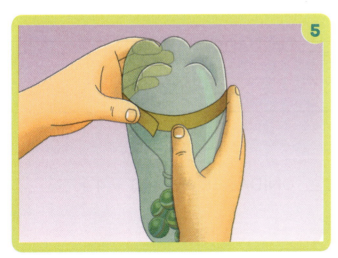

JOÃO GOSTOU MUITO DO BRINQUEDO DE PASSAR A BOLINHA PELO GARGALO DA GARRAFA.

VEJA OS BRINQUEDOS ABAIXO. HÁ 10 BOLINHAS DENTRO DE CADA UM DELES. REGISTRE NO QUADRO QUANTAS BOLINHAS HÁ NO TOTAL.

**40** BOLINHAS ⟶ **4 DEZENAS**

| D | U |
|---|---|
|   |   |

AGORA, COMPLETE SEGUINDO O MODELO.

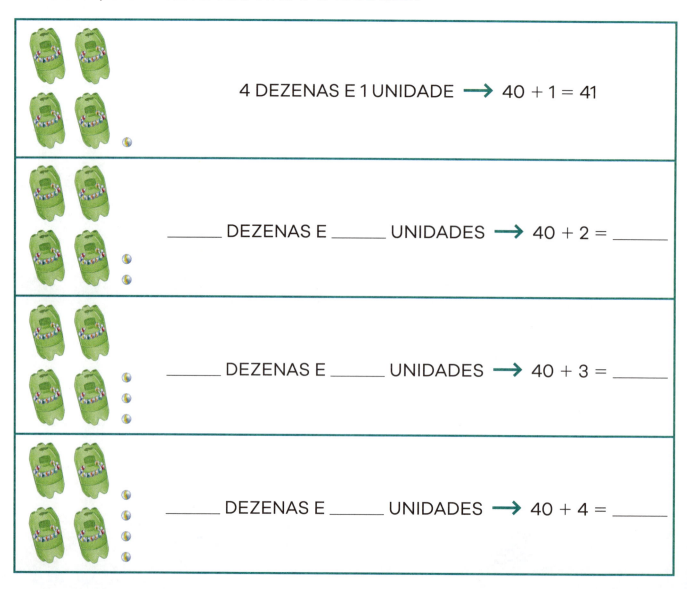

4 DEZENAS E 1 UNIDADE ⟶ 40 + 1 = 41

_____ DEZENAS E _____ UNIDADES ⟶ 40 + 2 = _____

_____ DEZENAS E _____ UNIDADES ⟶ 40 + 3 = _____

_____ DEZENAS E _____ UNIDADES ⟶ 40 + 4 = _____

CONTINUE COMPLETANDO.

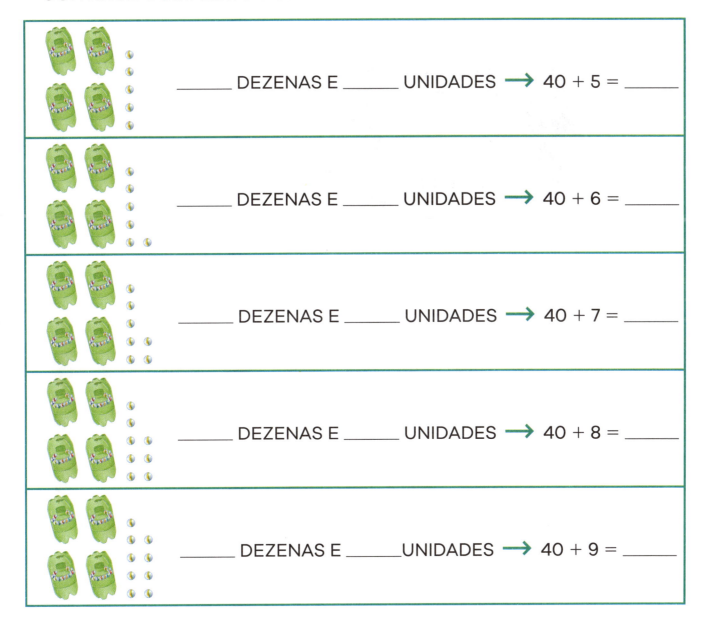

ESCREVA OS NÚMEROS QUE FALTAM ENTRE OS INDICADOS.

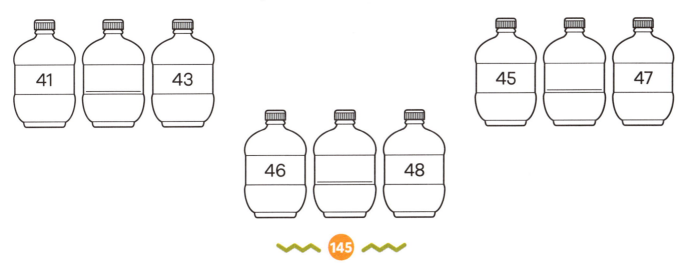

VOCÊ JÁ BRINCOU DE **JOGO DA VELHA**?

CONTE QUANTAS BOLINHAS HÁ NO JOGO E REGISTRE O TOTAL NO QUADRO.

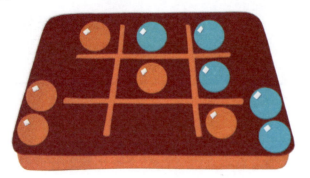

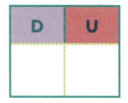

QUANTAS BOLINHAS!

CIRCULE-AS DE **10** EM **10** E VEJA QUANTOS GRUPOS VOCÊ PODE FORMAR.

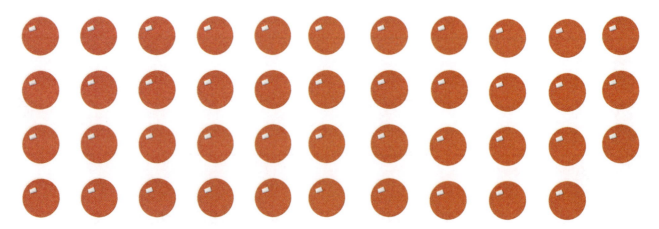

**A)** QUANTAS BOLINHAS HÁ AO TODO? _____

**B)** QUANTOS GRUPOS DE **10** BOLINHAS VOCÊ FORMOU? _____

**C)** QUANTAS BOLINHAS SOBRARAM FORA DOS GRUPOS? _____

AGORA, COMPLETE A SEQUÊNCIA NUMÉRICA.

| 40 | | | | 44 | 45 | | | | 49 |
|---|---|---|---|---|---|---|---|---|---|

# BRINCANDO COM ARTE

QUE TAL CONSTRUIR UM TABULEIRO DE **JOGO DA VELHA**?

**1.** PARA FAZER O TABULEIRO, MODELE UM PEDAÇO DE ARGILA DE FORMA QUE PAREÇA UMA TÁBUA RETANGULAR.

**2.** COM UM PALITO DE SORVETE, TRACE NA ARGILA DOIS RISCOS HORIZONTAIS E DOIS RISCOS VERTICAIS.

**3.** COM UMA BOLINHA DE GUDE, MARQUE OS BURAQUINHOS ENTRE AS LINHAS E NA LATERAL DO TABULEIRO PARA QUE AS BOLINHAS SEJAM ENCAIXADAS NA HORA DO JOGO.

**4.** ESPERE A ARGILA SECAR E POSICIONE AS BOLINHAS NO TABULEIRO.

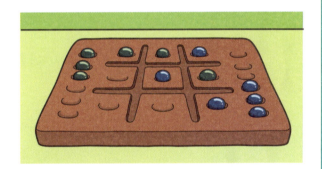

**5.** DEPOIS, É SÓ BRINCAR COM OS COLEGAS!

O **JOGO DE VARETAS** TAMBÉM É MUITO DIVERTIDO.

CADA UM DESTES CONJUNTOS TEM **10** VARETAS. REGISTRE NO QUADRO QUANTAS VARETAS HÁ NO TOTAL.

**50** VARETAS ⟶ **5 DEZENAS**

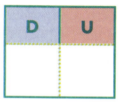

COMPLETE SEGUINDO O MODELO.

  5 DEZENAS E 1 UNIDADE ⟶ 50 + 1 = 51

  _____ DEZENAS E _____ UNIDADES ⟶ 50 + 2 = _____

  _____ DEZENAS E _____ UNIDADES ⟶ 50 + 3 = _____

  _____ DEZENAS E _____ UNIDADES ⟶ 50 + 4 = _____

CONTINUE COMPLETANDO.

 _____ DEZENAS E _____ UNIDADES → 50 + 5 = _____

 _____ DEZENAS E _____ UNIDADES → 50 + 6 = _____

 _____ DEZENAS E _____ UNIDADES → 50 + 7 = _____

 _____ DEZENAS E _____ UNIDADES → 50 + 8 = _____

_____ DEZENAS E _____ UNIDADES → 50 + 9 = _____

COMPLETE OS QUADROS COM OS NÚMEROS QUE FALTAM.

| | 55 | |
|---|---|---|

| | 52 | 53 |
|---|---|---|

| 56 | 57 | |
|---|---|---|

| 57 | 58 | |
|---|---|---|

CONTE AS VARETAS, AGRUPE-AS DE **10** EM **10** E REGISTRE A QUANTIDADE NO QUADRO. DEPOIS, RESPONDA ÀS PERGUNTAS.

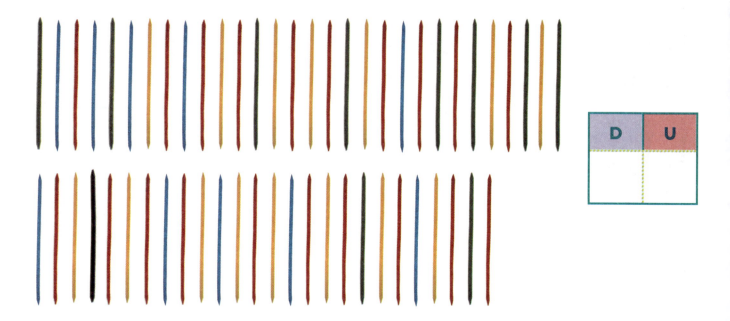

**A)** QUANTOS GRUPOS DE **10** FORAM FORMADOS? _____

**B)** QUANTAS VARETAS SOBRARAM? _____

COMPLETE A SEQUÊNCIA NUMÉRICA. DEPOIS, PINTE DE **AMARELO** O MAIOR NÚMERO DA SEQUÊNCIA E FAÇA UM **X** NO NÚMERO **52**.

| | | | | | | | | | |
|---|---|---|---|---|---|---|---|---|---|
| 10 | 11 | | | | 15 | | | | |
| 20 | | | | | | | | | 29 |
| 30 | | | | | | | | | |
| | | | | | | | | | |
| | | | | | | | | 58 | |

NOS JOGOS DE TABULEIRO, JOÃO USA PINOS COLORIDOS. ELE QUER SEPARÁ-LOS EM SAQUINHOS COM **10** UNIDADES.

CONTE QUANTOS PINOS ELE TEM E AGRUPE-OS DE **10** EM **10**. DEPOIS, REGISTRE A QUANTIDADE NO QUADRO.

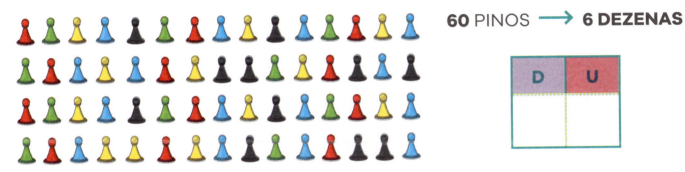

**60** PINOS → **6 DEZENAS**

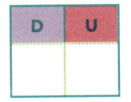

CADA UM DESTES SAQUINHOS TEM **10** PINOS.
COMPLETE SEGUINDO O MODELO.

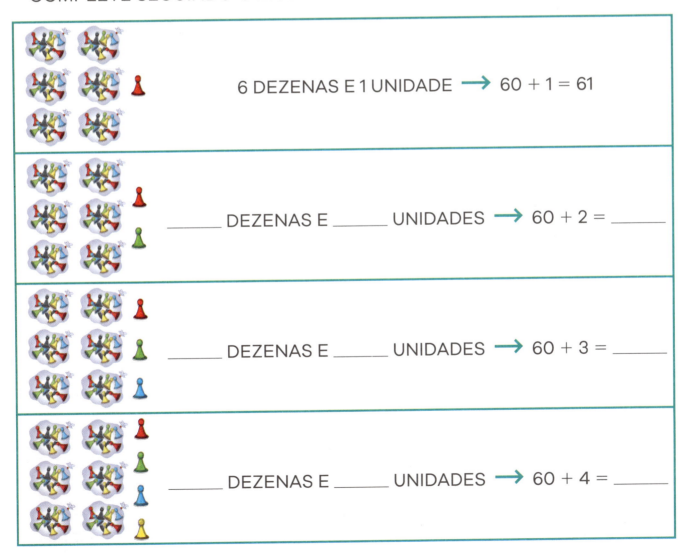

6 DEZENAS E 1 UNIDADE → 60 + 1 = 61

_____ DEZENAS E _____ UNIDADES → 60 + 2 = _____

_____ DEZENAS E _____ UNIDADES → 60 + 3 = _____

_____ DEZENAS E _____ UNIDADES → 60 + 4 = _____

CONTINUE COMPLETANDO.

___ DEZENAS E ___ UNIDADES → 60 + 5 = ___

___ DEZENAS E ___ UNIDADES → 60 + 6 = ___

___ DEZENAS E ___ UNIDADES → 60 + 7 = ___

___ DEZENAS E ___ UNIDADES → 60 + 8 = ___

___ DEZENAS E ___ UNIDADES → 60 + 9 = ___

COMPLETE A TRILHA COM OS NÚMEROS QUE FALTAM.

DESTAQUE AS PEÇAS DA PÁGINA 207 E COLE-AS NO TABULEIRO, DE ACORDO COM A SEQUÊNCIA NUMÉRICA. DEPOIS, FAÇA UM X NO MAIOR NÚMERO DESTA SEQUÊNCIA.

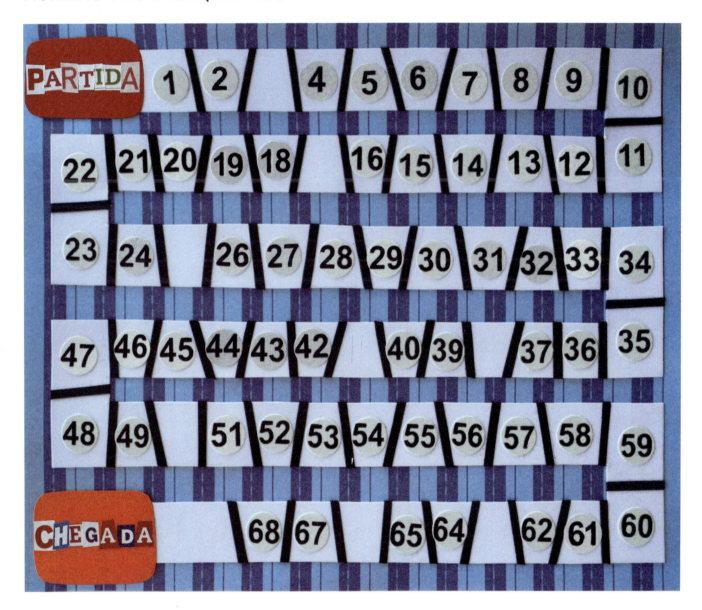

JOGUE 2 DADOS, CONTE QUANTOS PONTOS VOCÊ FEZ EM CADA UM DELES E SOME-OS. DEPOIS, CIRCULE NO TABULEIRO O NÚMERO QUE REPRESENTA ESSA QUANTIDADE.

### JOGANDO DADOS

NA TRILHA DO TABULEIRO,
TODO MUNDO QUER CHEGAR PRIMEIRO.
A DANI JOGOU OS 2 DADOS DE UMA VEZ,
SORTEOU DOIS E SEIS. [...]

RENATA BUENO. POEMAS, PROBLEMAS.
SÃO PAULO: EDITORA DO BRASIL, 2012. P. 26.

VOCÊ JÁ BRINCOU DE BATER FIGURINHAS?

JOÃO ADORA! PARA GUARDAR SUAS FIGURINHAS, ELE FAZ PACOTINHOS COM 10 FIGURINHAS EM CADA UM.

CONTE QUANTAS FIGURINHAS ELE TEM E REGISTRE A QUANTIDADE NO QUADRO.

**70** FIGURINHAS ⟶ **7 DEZENAS**

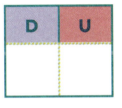

CADA UM DESTES PACOTINHOS TEM **10** FIGURINHAS.

COMPLETE SEGUINDO O MODELO.

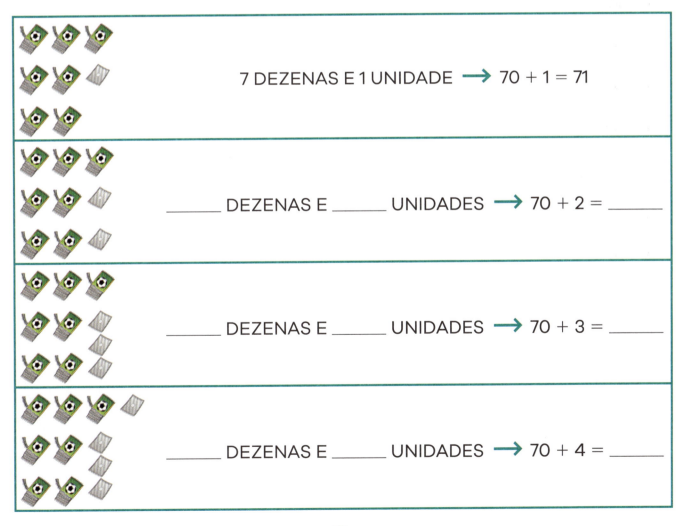

7 DEZENAS E 1 UNIDADE ⟶ 70 + 1 = 71

_____ DEZENAS E _____ UNIDADES ⟶ 70 + 2 = _____

_____ DEZENAS E _____ UNIDADES ⟶ 70 + 3 = _____

_____ DEZENAS E _____ UNIDADES ⟶ 70 + 4 = _____

CONTINUE COMPLETANDO.

_____ DEZENAS E _____ UNIDADES → 70 + 5 = _____

_____ DEZENAS E _____ UNIDADES → 70 + 6 = _____

_____ DEZENAS E _____ UNIDADES → 70 + 7 = _____

_____ DEZENAS E _____ UNIDADES → 70 + 8 = _____

_____ DEZENAS E _____ UNIDADES → 70 + 9 = _____

COMPLETE AS SEQUÊNCIAS COM OS NÚMEROS QUE FALTAM.

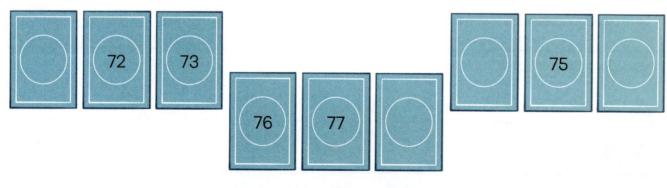

LIGUE OS PONTOS DE **1** A **79** E DESCUBRA A IMAGEM DA FIGURINHA PREFERIDA DE JOÃO. DEPOIS, PINTE-A E DESENHE O MAR COM TINTA AQUARELA.

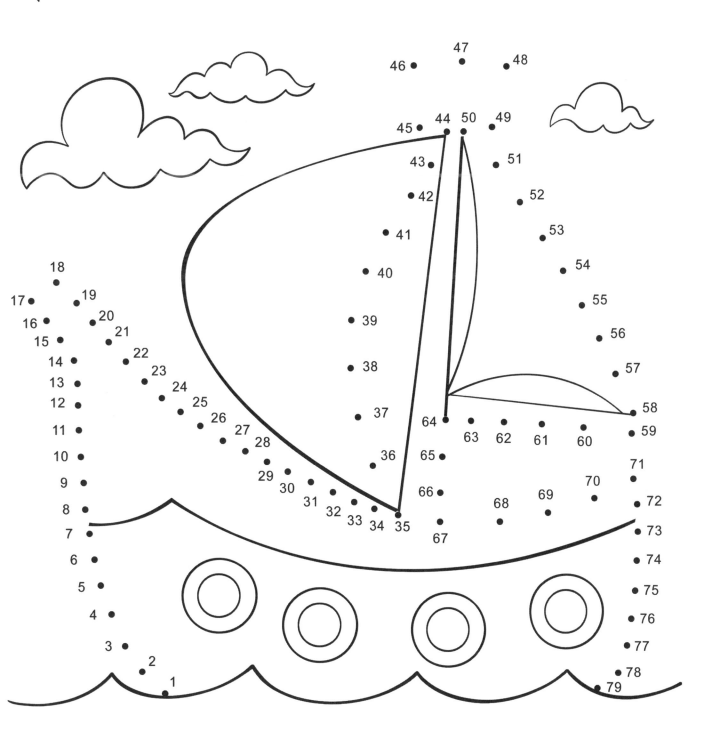

VOCÊ JÁ BRINCOU DE **BATALHA-NAVAL**?

JOÃO AGRUPA AS CARTELAS DE **BATALHA-NAVAL** DE **10** EM **10**.

CONTE QUANTAS CARTELAS ELE TEM E REGISTRE A QUANTIDADE NO QUADRO.

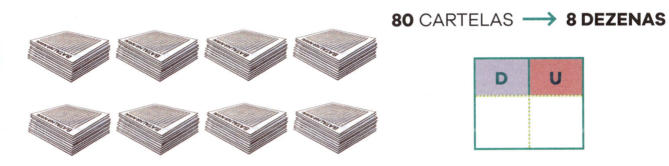

**80** CARTELAS ⟶ **8 DEZENAS**

CADA UM DESTES MONTES TEM **10** CARTELAS.

COMPLETE SEGUINDO O MODELO.

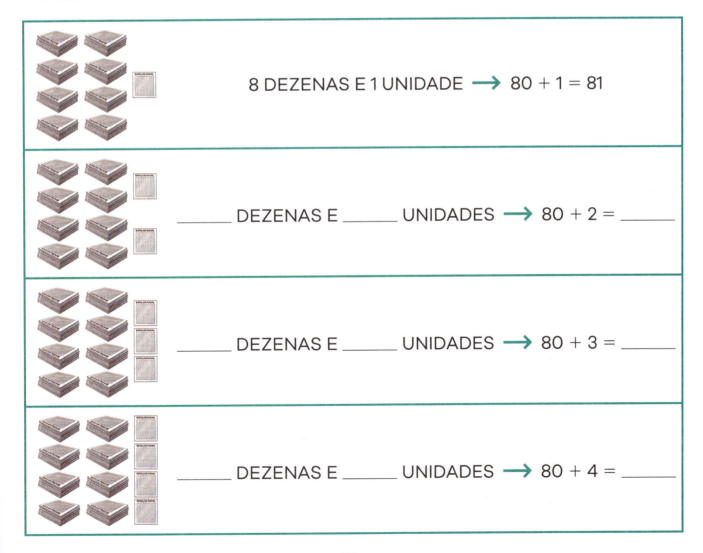

8 DEZENAS E 1 UNIDADE ⟶ 80 + 1 = 81

_____ DEZENAS E _____ UNIDADES ⟶ 80 + 2 = _____

_____ DEZENAS E _____ UNIDADES ⟶ 80 + 3 = _____

_____ DEZENAS E _____ UNIDADES ⟶ 80 + 4 = _____

CONTINUE COMPLETANDO.

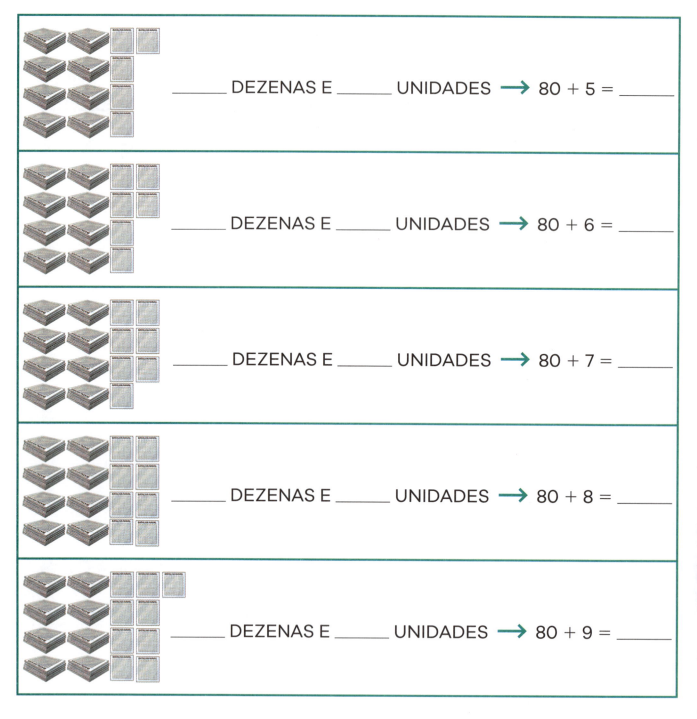

COMPLETE A SEQUÊNCIA NUMÉRICA.

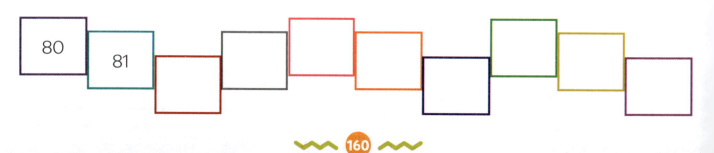

COMPLETE AS SEQUÊNCIAS COM OS NÚMEROS CORRETOS.

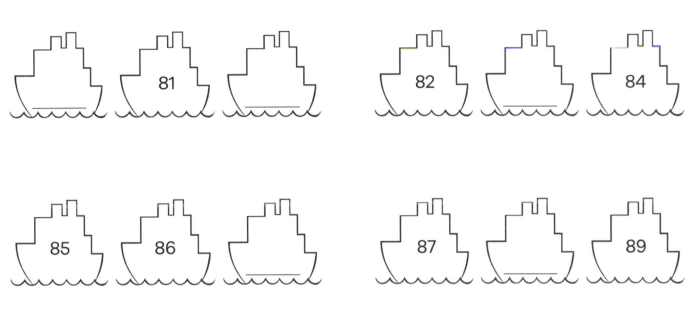

LIGUE CADA NÚMERO À QUANTIDADE DE CARTELAS CORRESPONDENTE.

PARA TENTAR ACERTAR OS NAVIOS NA CARTELA DE SEU COLEGA, JOÃO APOSTOU NESTES NÚMEROS:

44 – 52 – 65 – 68 – 71 – 72 – 81 – 86 – 89

DESENHE BOLINHAS **AMARELAS** NOS NÚMEROS QUE JOÃO ESCOLHEU E DESCUBRA SE ELE ACERTOU ALGUM NAVIO.

| 40 | 41 | 42 | 43 | 44 | 45 | 46 | 47 | 48 | 49 |
|----|----|----|----|----|----|----|----|----|----|
| 50 | 51 | 52 | 53 | 54 | 55 | 56 | 57 | 58 | 59 |
| 60 | 61 | 62 | 63 | 64 | 65 | 66 | 67 | 68 | 69 |
| 70 | 71 | 72 | 73 | 74 | 75 | 76 | 77 | 78 | 79 |
| 80 | 81 | 82 | 83 | 84 | 85 | 86 | 87 | 88 | 89 |

QUE TAL PREPARAR UMA CARTELA PARA JOGAR **BATALHA-NAVAL**?

COMPLETE A SEQUÊNCIA NUMÉRICA DA CARTELA A SEGUIR E RECORTE-A NAS LINHAS TRACEJADAS. DEPOIS, DESTAQUE AS FIGURAS DA PÁGINA 197 E COLE-AS CONFORME INDICADO:

- 2 BARCOS QUE OCUPEM UM QUADRINHO CADA;
- 1 NAVIO QUE OCUPE 2 QUADRINHOS;
- 1 CARGUEIRO QUE OCUPE 3 QUADRINHOS.

SUA CARTELA ESTÁ PRONTA! NA HORA DO JOGO, QUANDO SEU COLEGA DISSER UM NÚMERO, PINTE DE **AMARELO** O QUADRINHO CORRESPONDENTE E DIGA A ELE SE ACERTOU A ÁGUA OU UMA EMBARCAÇÃO.

| 40 | 41 | 42 | | | | | | | |
|----|----|----|----|----|----|----|----|----|----|
|    |    |    |    |    |    |    |    |    |    |
|    |    |    |    |    |    |    |    |    |    |
|    |    |    |    |    |    |    |    |    |    |
|    |    |    |    |    |    |    |    |    |    |

COMPLETE A SEQUÊNCIA NUMÉRICA DA CARTELA A SEGUIR E RECORTE-A NAS LINHAS TRACEJADAS.

NESTA CARTELA, VOCÊ MARCARÁ OS NÚMEROS QUE DISSER A SEU COLEGA. SE ACERTAR UMA EMBARCAÇÃO, PINTE O QUADRINHO. SE ACERTAR A ÁGUA, FAÇA UM **X**.

LEMBRE-SE DE QUE VOCÊ SÓ CONSEGUIRÁ AFUNDAR UM NAVIO OU UM CARGUEIRO QUANDO ACERTAR TODOS OS QUADRINHOS QUE ELES OCUPAM!

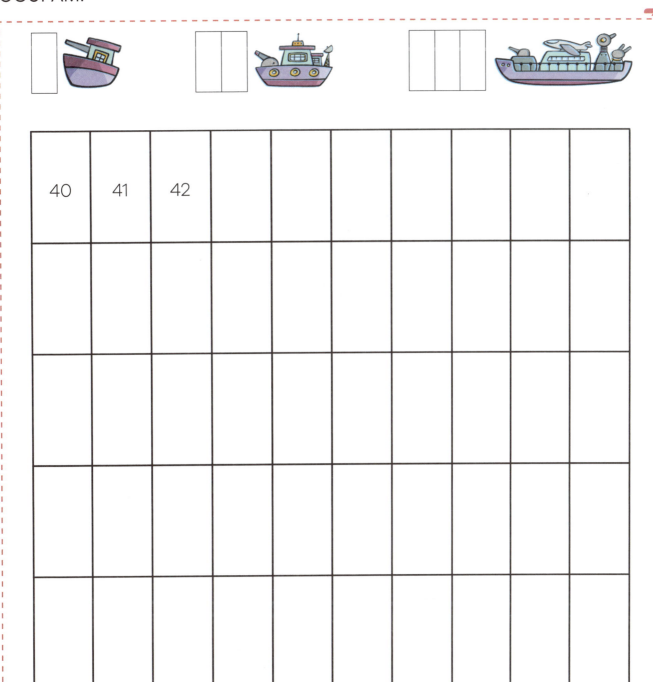

JOÃO TAMBÉM GOSTA DE COMPETIÇÕES!

ELE E OS COLEGAS DA TURMA PARTICIPARAM DE MUITOS TORNEIOS DE NATAÇÃO E DECIDIRAM CONTAR SUAS MEDALHAS AGRUPANDO-AS DE **10** EM **10**.

CONTE QUANTAS MEDALHAS ELES TÊM JUNTOS E REGISTRE A QUANTIDADE NO QUADRO.

**90** MEDALHAS ⟶ **9 DEZENAS**

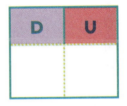

CADA UMA DESTAS PILHAS TEM **10** MEDALHAS.

COMPLETE SEGUINDO O MODELO.

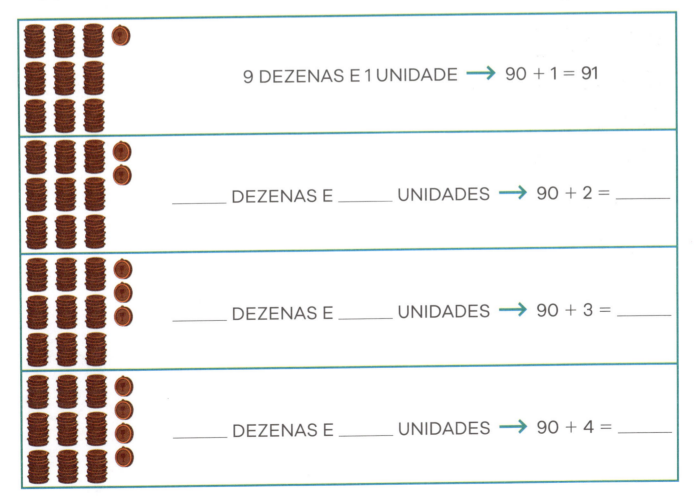

9 DEZENAS E 1 UNIDADE ⟶ 90 + 1 = 91

_____ DEZENAS E _____ UNIDADES ⟶ 90 + 2 = _____

_____ DEZENAS E _____ UNIDADES ⟶ 90 + 3 = _____

_____ DEZENAS E _____ UNIDADES ⟶ 90 + 4 = _____

CONTINUE COMPLETANDO.

_____ DEZENAS E _____ UNIDADES → 90 + 5 = _____

_____ DEZENAS E _____ UNIDADES → 90 + 6 = _____

_____ DEZENAS E _____ UNIDADES → 90 + 7 = _____

_____ DEZENAS E _____ UNIDADES → 90 + 8 = _____

_____ DEZENAS E _____ UNIDADES → 90 + 9 = _____

COMPLETE COM OS NÚMEROS QUE FALTAM

COMPLETE O LIGA-PONTOS OBSERVANDO A SEQUÊNCIA NUMÉRICA DE **1** A **99** E DESCUBRA A IMAGEM QUE SERÁ FORMADA. DEPOIS, PINTE-A.

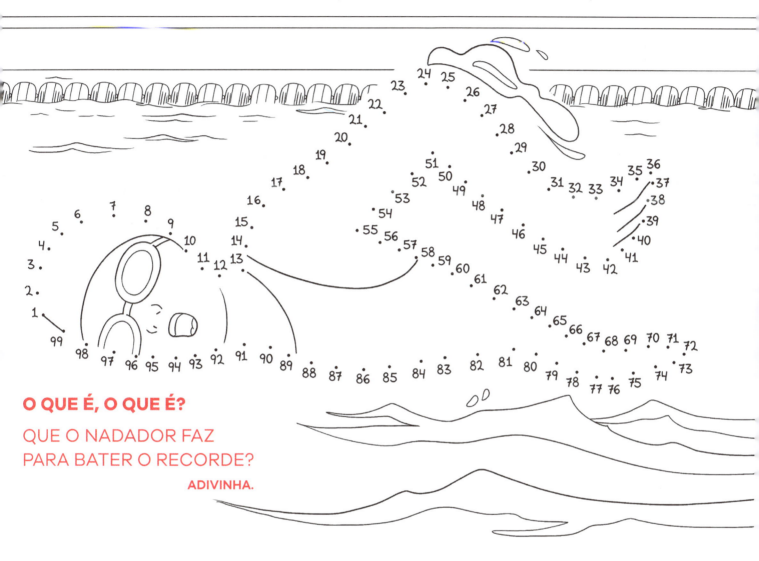

**O QUE É, O QUE É?**

QUE O NADADOR FAZ PARA BATER O RECORDE?

**ADIVINHA.**

COMPLETE A SEQUÊNCIA DAS RAIAS DA PISCINA COM OS NÚMEROS QUE FALTAM.

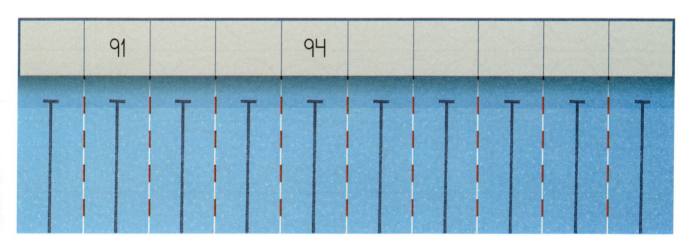

JOÃO E **9** COLEGAS DECIDIRAM BRINCAR DE DESENHAR BOLINHAS COLORIDAS EM FORMA DE CORRENTE. CADA CRIANÇA DESENHOU **10** BOLINHAS.

PINTE AS BOLINHAS, CONTE-AS, SOME-AS E REGISTRE AS DEZENAS AO LADO. DEPOIS, VEJA QUANTAS BOLINHAS HÁ NO TOTAL.

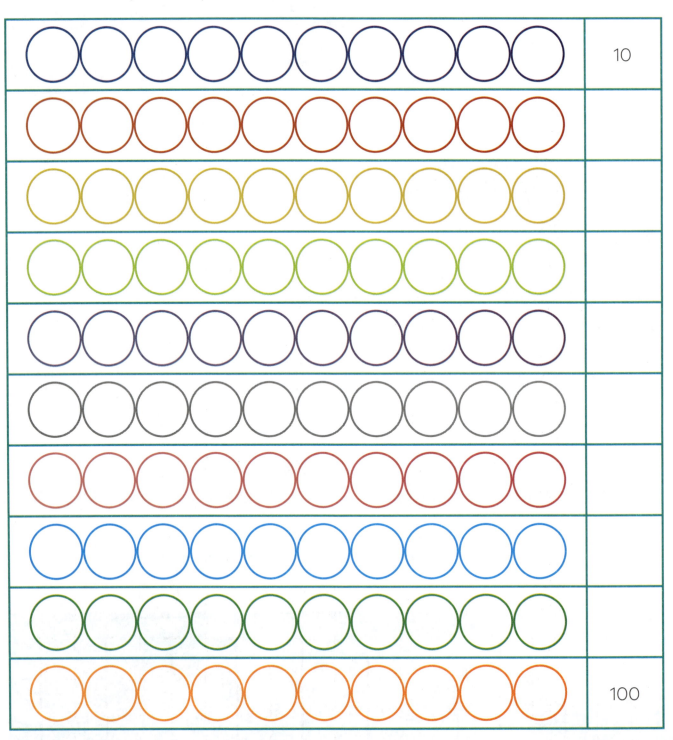

**100** BOLINHAS ➡ **10 DEZENAS**

JOÃO E SEUS AMIGOS ADORAM BRINCAR DE **BINGO**. PARA COMEÇAR, É PRECISO CONFERIR SE O JOGO ESTÁ COMPLETO.

DESTAQUE AS FIGURAS DA PÁGINA 197 E COLE-AS NA BASE PARA COMPLETAR A SEQUÊNCIA.

CONTE QUANTAS BOLINHAS HÁ NO JOGO E REGISTRE.

QUE TAL BRINCAR DE **BINGO** COM DOIS COLEGAS?

ESCOLHA ALGUNS NÚMEROS DE **1** A **100** E ESCREVA-OS NOS QUADRINHOS DA CARTELA ABAIXO. UM DOS COLEGAS DEVE FAZER O MESMO. O OUTRO COLEGA SORTEARÁ OS NÚMEROS RECORTADOS DA PÁGINA 173.

SE UM NÚMERO SORTEADO ESTIVER NA CARTELA DE VOCÊS, PINTEM-NO. QUEM PINTAR A CARTELA INTEIRA PRIMEIRO GRITA: BINGO!

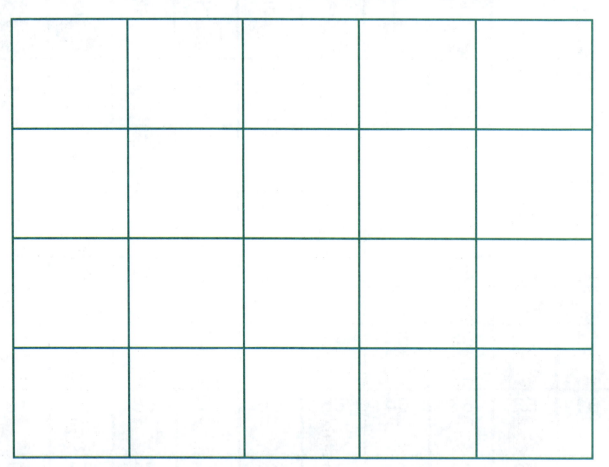

ESTAS BOLINHAS FORAM SORTEADAS NO BINGO.

ORGANIZE-AS DO MENOR NÚMERO PARA O MAIOR, EM SEQUÊNCIA NUMÉRICA.

0, _____, _____, _____, _____, _____, _____, _____, _____, _____, _____

RECORTE AS FICHAS NUMERADAS NAS LINHAS TRACEJADAS E UTILIZE-AS PARA BRINCAR DE BINGO COM OS COLEGAS. USE-AS NO SORTEIO DA ATIVIDADE DA PÁGINA 172.

| 1 | 2 | 3 | 4 | 5 | 6 | 7 | 8 | 9 | 10 |
|---|---|---|---|---|---|---|---|---|---|
| 11 | 12 | 13 | 14 | 15 | 16 | 17 | 18 | 19 | 20 |
| 21 | 22 | 23 | 24 | 25 | 26 | 27 | 28 | 29 | 30 |
| 31 | 32 | 33 | 34 | 35 | 36 | 37 | 38 | 39 | 40 |
| 41 | 42 | 43 | 44 | 45 | 46 | 47 | 48 | 49 | 50 |
| 51 | 52 | 53 | 54 | 55 | 56 | 57 | 58 | 59 | 60 |
| 61 | 62 | 63 | 64 | 65 | 66 | 67 | 68 | 69 | 70 |
| 71 | 72 | 73 | 74 | 75 | 76 | 77 | 78 | 79 | 80 |
| 81 | 82 | 83 | 84 | 85 | 86 | 87 | 88 | 89 | 90 |
| 91 | 92 | 93 | 94 | 95 | 96 | 97 | 98 | 99 | 100 |

# BRINCANDO COM SITUAÇÕES MATEMÁTICAS

OBSERVE AS SITUAÇÕES E COMPREENDA A HISTÓRIA.

AGORA, AGRUPE **10** MOEDAS DE **1 REAL** PARA TROCAR POR **1** NOTA DE **10 REAIS**.

LIGUE CADA GRUPO DE MOEDAS AO GRUPO DE NOTAS COM O MESMO VALOR.

EXISTEM MUITAS POSSIBILIDADES DE COMBINAÇÃO DE NOTAS E MOEDAS PARA INDICAR O MESMO VALOR EM DINHEIRO.

CONTE A QUANTIA EM DINHEIRO DE CADA SITUAÇÃO E PINTE OS QUADRINHOS DE ACORDO COM A LEGENDA.

20 REAIS    45 REAIS    50 REAIS    63 REAIS

DESTAQUE AS FIGURAS DA PÁGINA 197 E COLE-AS NOS QUADROS, DE ACORDO COM O VALOR CORRESPONDENTE.

22 REAIS →

36 REAIS →

51 REAIS →

CIRCULE OS OBJETOS ABAIXO QUE CUSTAM **MENOS DE** 50 REAIS.

35 REAIS   80 REAIS   14 REAIS

PARA CADA SITUAÇÃO, DESENHE QUANTAS NOTAS DE **10** REAIS SÃO NECESSÁRIAS PARA REPRESENTAR O VALOR INDICADO.

60 REAIS →

80 REAIS →

90 REAIS →

CIRCULE OS OBJETOS QUE CUSTAM **MAIS DE** 50 REAIS.

87 REAIS

48 REAIS

99 REAIS

E AGORA? QUAIS NOTAS E MOEDAS VOCÊ USARIA PARA REPRESENTAR OS VALORES INDICADOS?

DESENHE-AS EM CADA QUADRO.

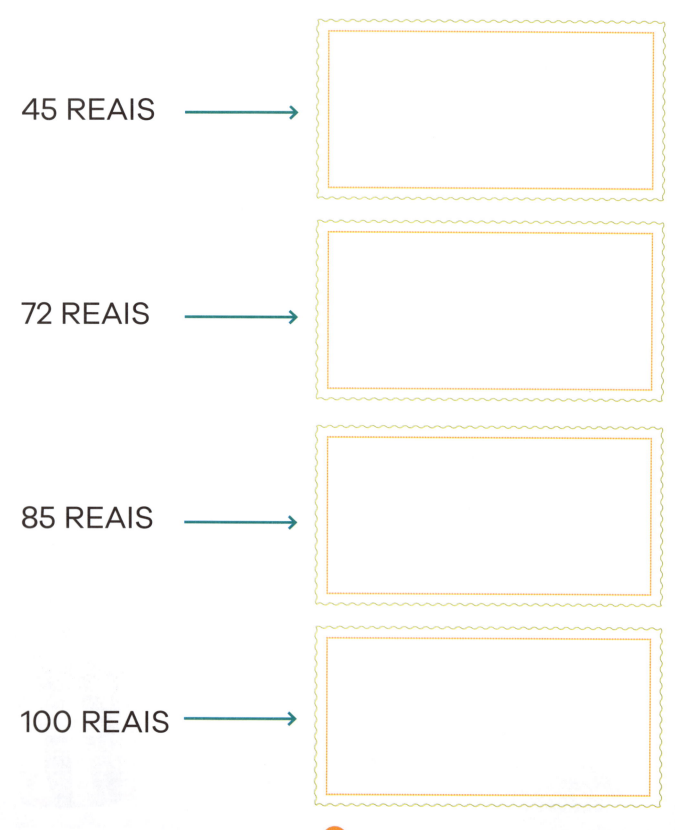

45 REAIS →

72 REAIS →

85 REAIS →

100 REAIS →

QUANTAS NOTAS DE **10 REAIS** SÃO NECESSÁRIAS PARA TROCAR POR UMA NOTA DE **100 REAIS**?

FAÇA UM **X** NO QUADRO COM O VALOR CORRETO.

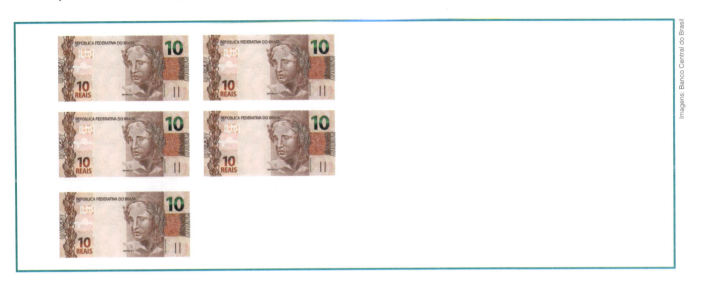

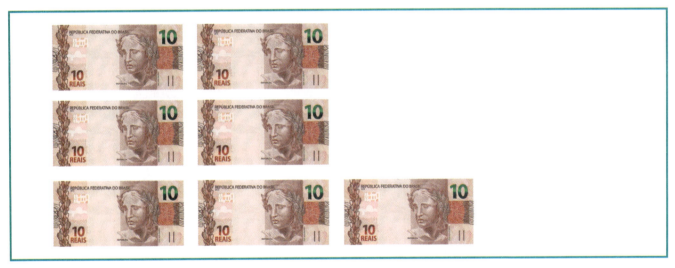

PARA CADA VALOR INDICADO, FAÇA UM **X** SOMENTE NAS REPRESENTAÇÕES DE DINHEIRO QUE ESTÃO CORRETAS.

**25 REAIS**

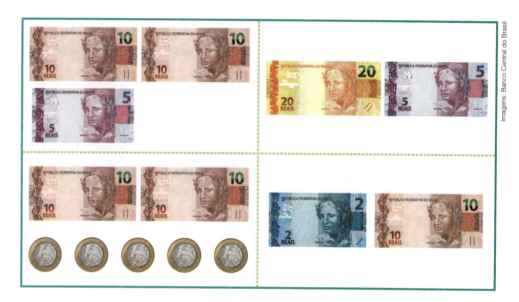

**56 REAIS**

# TRATAMENTO DA INFORMAÇÃO

OBSERVE ESTA OBRA DE ARTE DA PINTORA BRASILEIRA TARSILA DO AMARAL.

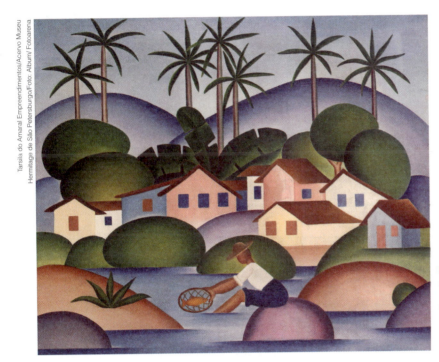

TARSILA DO AMARAL. **O PESCADOR**, 1925. ÓLEO SOBRE TELA, 66 CM × 75 CM.

AGORA, PINTE UM QUADRINHO PARA CADA VEZ QUE AS IMAGENS ABAIXO APARECEM NA PINTURA.

AGORA, FAÇA UM DESENHO NO QUADRO DE FORMA QUE OS ELEMENTOS A SEGUIR APAREÇAM NAS QUANTIDADES INDICADAS NO GRÁFICO.

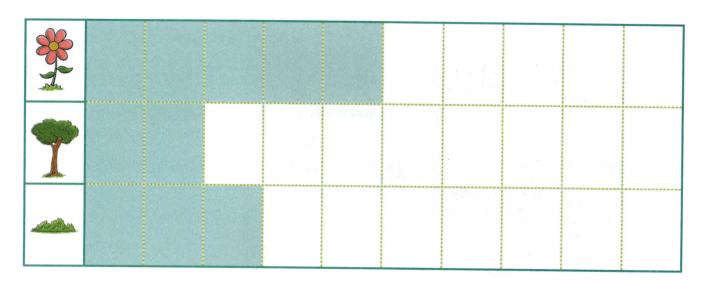

OBSERVE OS UTENSÍLIOS À VENDA NA LOJA DE JARDINAGEM.

AGORA, COMPLETE O QUADRO COM A QUANTIDADE DE CADA UTENSÍLIO DA LOJA ACIMA.

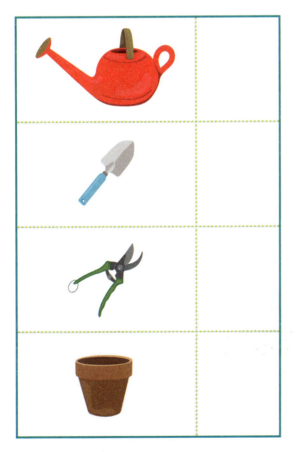

### GIROFLÊ, GIROFLÁ

FUI PASSEAR NO JARDIM CELESTE
GIROFLÊ, GIROFLÁ.
FUI PASSEAR NO JARDIM CELESTE
PARA TE ENCONTRAR.

O QUE FOSTES FAZER LÁ?
GIROFLÊ, GIROFLÁ.
O QUE FOSTES FAZER LÁ?
PARA TE ENCONTRAR.

FUI COLHER AS VIOLETAS,
GIROFLÊ, GIROFLÁ.
FUI COLHER AS VIOLETAS,
PARA TE ENCONTRAR. [...]

CANTIGA.

DESTAQUE AS FIGURAS DA PÁGINA 199 E COLE-AS NA TABELA ABAIXO PARA QUE FIQUEM NA QUANTIDADE INDICADA NA LEGENDA.

# HISTÓRIAS E NÚMEROS

VOCÊ CONHECE A HISTÓRIA **A GALINHA RUIVA**?
OUÇA ESTA VERSÃO DA HISTÓRIA.

### A GALINHA RUIVA

ERA UMA VEZ UMA GALINHA QUE MORAVA COM SEUS PINTINHOS EM UMA FAZENDA.

CERTO DIA, ELA DECIDIU FAZER UM DELICIOSO BOLO DE MILHO E PEDIU AJUDA PARA OS OUTROS ANIMAIS.

— QUEM PODE ME AJUDAR A COLHER O MILHO? E A DEBULHÁ-LO? E A MOÊ-LO? E A PREPARAR A FARINHA?

NENHUM DOS OUTROS ANIMAIS DA FAZENDA QUIS AJUDAR A GALINHA NO PREPARO DO BOLO: O GATO ESTAVA COM SONO, O CACHORRO ESTAVA OCUPADO, O PORCO TINHA ACABADO DE ALMOÇAR E A VACA QUERIA BRINCAR.

ENTÃO, A GALINHA E OS PINTINHOS FIZERAM TODO O TRABALHO SOZINHOS.

QUANDO O BOLO FICOU PRONTO, TODOS QUISERAM UM PEDAÇO, POIS O CHEIRO ESTAVA AGRADÁVEL. MAS A GALINHA RETRUCOU:

— SÓ VAI COMER O BOLO QUEM ME AJUDOU A FAZER!

ENTÃO, SÓ A GALINHA E OS PINTINHOS COMERAM O BOLO, E OS OUTROS ANIMAIS, PREGUIÇOSOS, APRENDERAM UMA LIÇÃO.

**CONTO DO FOLCLORE INGLÊS RECONTADO PELOS AUTORES.**

PINTE A CENA, CIRCULE OS PINTINHOS E CONTE QUANTOS SÃO. ESCREVA NO QUADRO O NÚMERO CORRESPONDENTE A ESSA QUANTIDADE.

OBSERVE A FILA DOS ANIMAIS DA FAZENDA E CONTINUE ESCREVENDO O NÚMERO DE ORDEM EM CADA UM DELES. DEPOIS, RESPONDA ÀS PERGUNTAS.

1º

- QUANTOS ANIMAIS HÁ NO TOTAL? _____
- CIRCULE QUEM ESTÁ NO 3º LUGAR DA FILA.
- FAÇA UM **X** NO 5º DA FILA.

A GALINHA RUIVA USOU MILHO PARA FAZER O BOLO.

LIGUE OS CESTOS DE MILHO COM A **MESMA QUANTIDADE**.

OS PINTINHOS ESTÃO AJUDANDO A COLHER ESPIGAS DE MILHO.
EM CADA SITUAÇÃO, COMPLETE OS ESPAÇOS E DESENHE O TOTAL DE ESPIGAS.

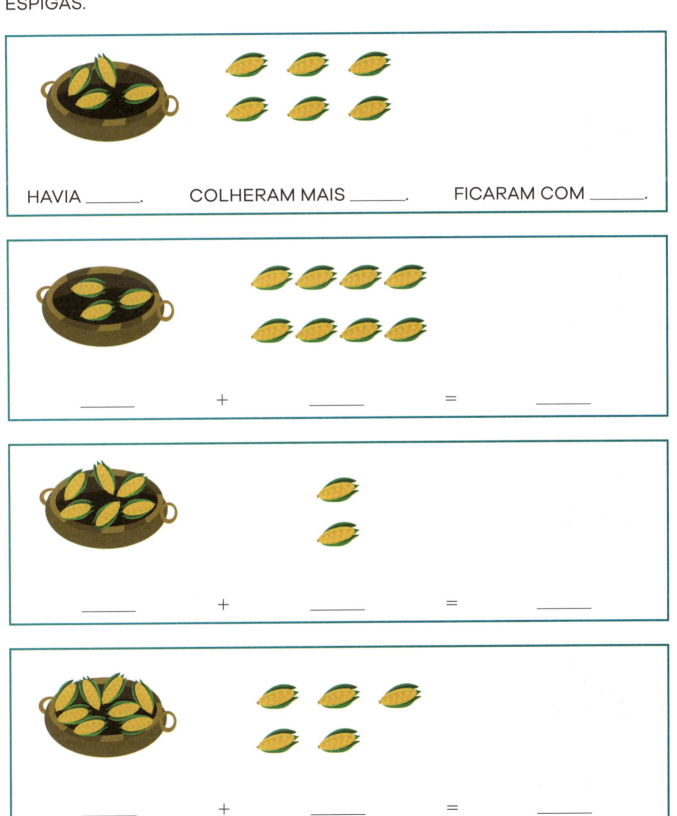

HAVIA _____.  COLHERAM MAIS _____.  FICARAM COM _____.

_____ + _____ = _____

_____ + _____ = _____

_____ + _____ = _____

AGORA, OS PINTINHOS ESTÃO AJUDANDO A DEBULHAR O MILHO.

EM CADA SITUAÇÃO, COMPLETE OS ESPAÇOS E DESENHE AS ESPIGAS QUE AINDA FALTAM SER DEBULHADAS.

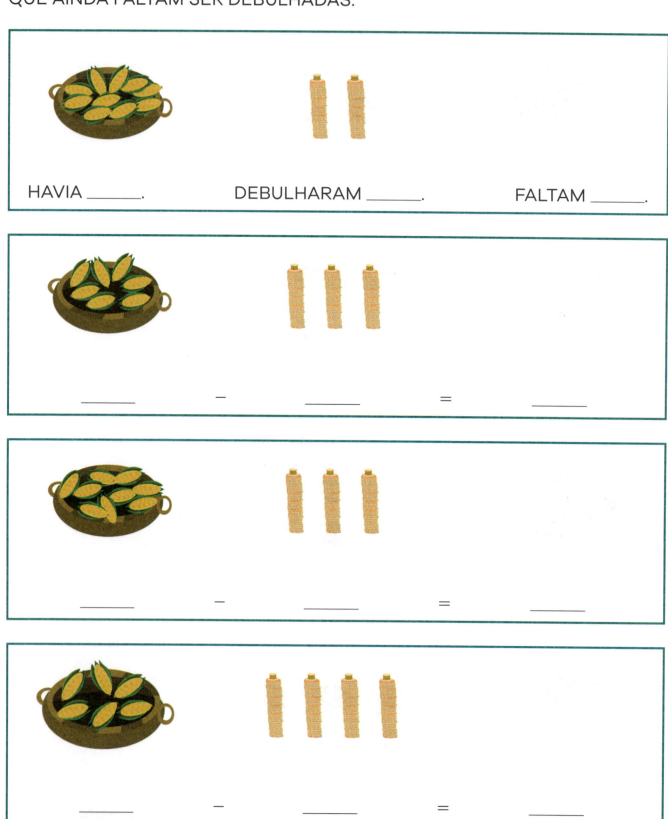

HAVIA _____.    DEBULHARAM _____.    FALTAM _____.

_____ − _____ = _____

_____ − _____ = _____

_____ − _____ = _____

PARA FAZER O BOLO, A GALINHA RUIVA PRECISOU DE UMA DEZENA DE ESPIGAS DE MILHO. PINTE-AS.

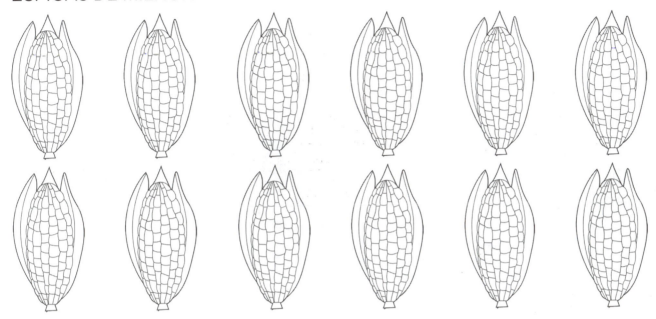

O BOLO FICOU NO FORNO POR **1 HORA**.

FAÇA UM **X** NO INSTRUMENTO QUE USAMOS PARA MEDIR O TEMPO.

AGORA, DESTAQUE **1 DÚZIA** DE FATIAS DE BOLO DA PÁGINA 199 E COLE-AS NOS QUADROS ABAIXO, DISTRIBUINDO AS FATIAS EM QUANTIDADES IGUAIS.

OBSERVE OS ANIMAIS DA FAZENDA E PINTE, NO GRÁFICO, UM QUADRINHO PARA CADA UM DELES, CONSIDERANDO AS ESPÉCIES.

# ENCARTES DE ADESIVOS
## PÁGINA 9

## PÁGINA 10

## PÁGINA 17

# PÁGINA 54

# PÁGINA 113

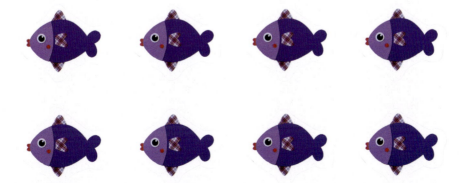

# PÁGINA 121

# PÁGINA 163

# PÁGINA 171

# PÁGINA 178

# PÁGINA 186

# PÁGINA 191

# ENCARTES DE PICOTES
## PÁGINA 20

## PÁGINA 28

# PÁGINA 71

# PÁGINA 96

# PÁGINA 93

# PÁGINA 131

# PÁGINA 117

# PÁGINA 123

# PÁGINA 153

# BRINCANDO COM OS NÚMEROS

**Jaime Teles da Silva**
Graduado em Pedagogia
Bacharel e licenciado em Educação Física
Especializado em Educação Física Escolar
Professor na rede municipal

• • • • • • • • • • • • • •

**Letícia García**
Formada em Pedagogia
Professora de Educação Infantil

• • • • • • • • • • • • • •

**Vanessa Mendes Carrera**
Mestre em Educação
Pós-graduada em Alfabetização e Letramento
Graduada em Pedagogia
Professora de Educação Infantil e do 1º ano
do Ensino Fundamental

• • • • • • • • • • • • • •

**Viviane Osso L. da Silva**
Pós-graduada em Neurociência Aplicada à Educação
Pós-graduada em Educação Inclusiva
Graduada em Pedagogia
Professora de Educação Infantil e do 1º ano
do Ensino Fundamental

**CADERNO DE ATIVIDADES**

**Educação Infantil**

OBSERVE OS QUADROS E PINTE O **MAIOR** DELES.

AGORA, NUMERE OS GATOS CONFORME O TAMANHO, DO **MENOR** PARA O **MAIOR**.

**1** – **PEQUENO**    **2** – **MÉDIO**    **3** – **GRANDE**

CIRCULE DE **VERDE** OS OBJETOS **DUROS** E DE **AZUL** OS OBJETOS **MOLES**. DEPOIS, PINTE AS IMAGENS.

TIJOLO.

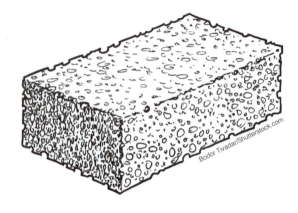

ESPONJA.

LÃ.

CADEIRA.

OBSERVE A FILA DA BILHETERIA DO CINEMA. DEPOIS, RESPONDA ÀS QUESTÕES.

LÍVIA   PEDRO   FABIANA   CARLOS   IVO   BRUNO

A) QUAL É O NOME DA **PRIMEIRA** PESSOA DA FILA? _____

B) QUAL É O NOME DA **ÚLTIMA** PESSOA DA FILA? _____

PINTE AS DUAS ÁRVORES QUE ESTÃO **NO MEIO** DA PAISAGEM.

OBSERVE O MALABARISTA E CIRCULE O OBJETO CORRETO EM CADA SITUAÇÃO.

**A)** NA MÃO **DIREITA** ELE ESTÁ EQUILIBRANDO:

**B)** NA MÃO **ESQUERDA** ELE ESTÁ EQUILIBRANDO:

**C)** NO PÉ **ESQUERDO** ELE ESTÁ EQUILIBRANDO:

PINTE O ELEMENTO INTRUSO DE CADA CONJUNTO.

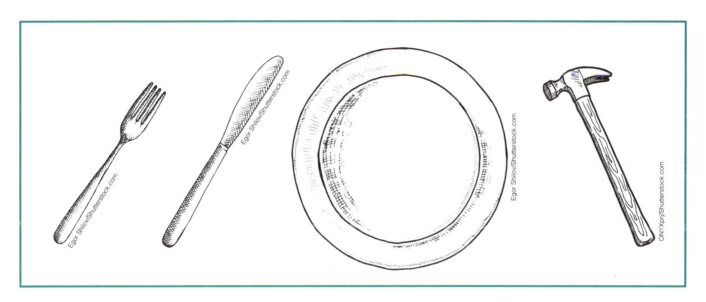

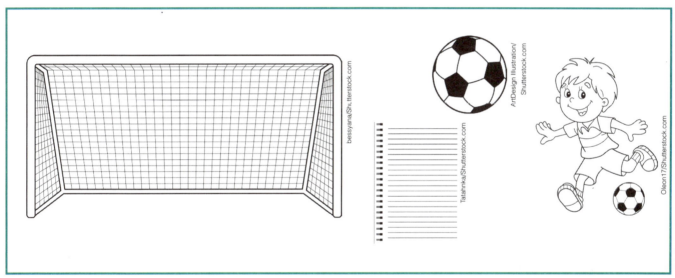

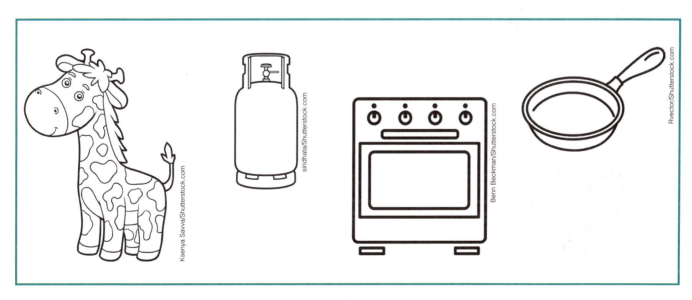

PINTE A FIGURA GEOMÉTRICA QUE SE PARECE COM UM DOS LADOS DA FIGURA EM DESTAQUE.

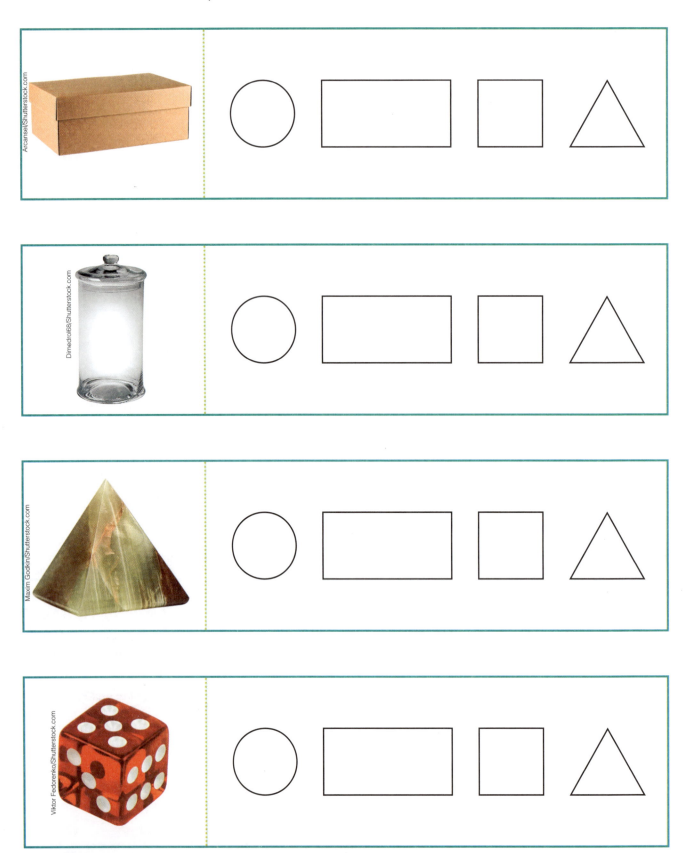

ENCONTRE NO DIAGRAMA OS NOMES DOS SÓLIDOS GEOMÉTRICOS. DEPOIS, CONTE AS LETRAS USADAS EM CADA UM DELES E ESCREVA ESSA QUANTIDADE.

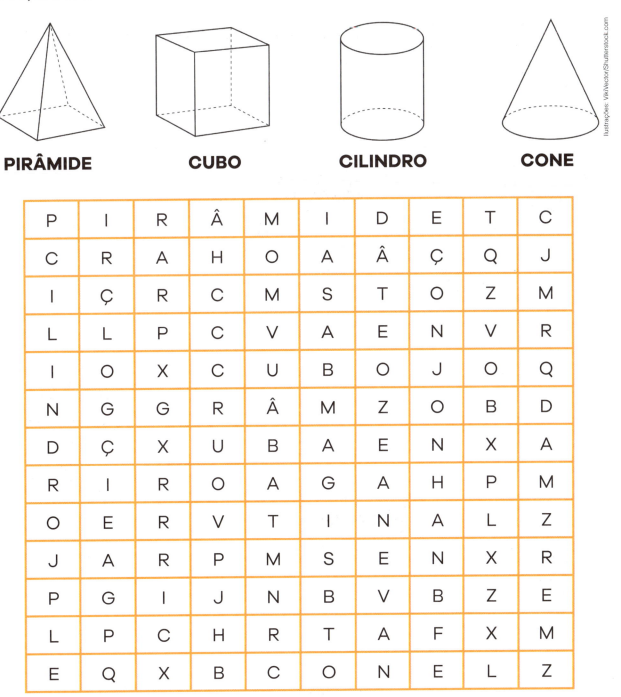

PIRÂMIDE     CUBO     CILINDRO     CONE

**PIRÂMIDE** TEM _____ LETRAS.

**CUBO** TEM _____ LETRAS.

**CILINDRO** TEM _____ LETRAS.

**CONE** TEM _____ LETRAS.

OBSERVE AS CRIANÇAS NA HORA DO RECREIO. DEPOIS, CIRCULE DE **AMARELO** O **TRIO** DE CRIANÇAS, DE **VERMELHO** A **DUPLA** DE CRIANÇAS E DE **AZUL** A CRIANÇA QUE ESTÁ SOZINHA.

VAMOS TREINAR OS NÚMEROS?

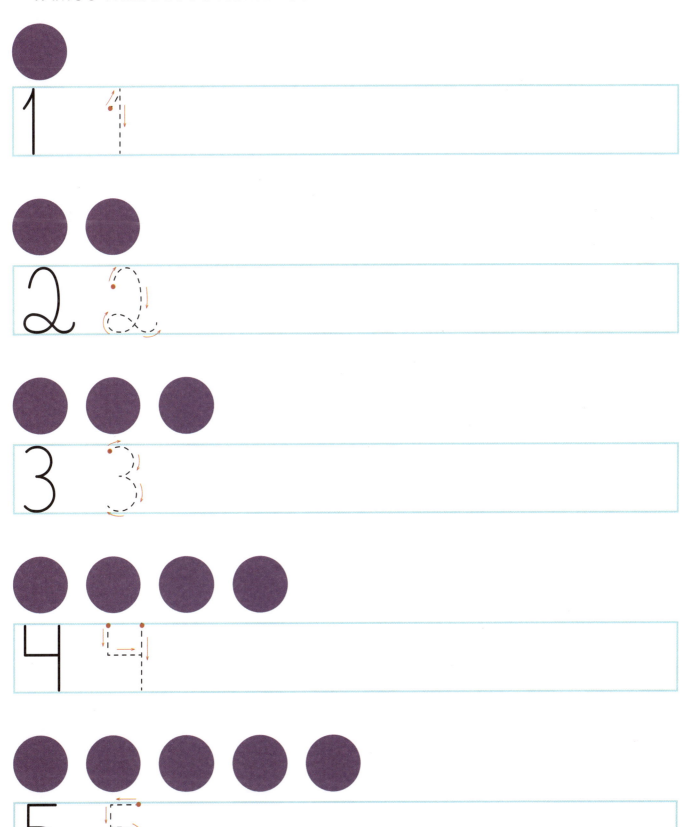

VAMOS TREINAR OS NÚMEROS?

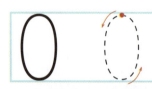

COMPARE A QUANTIDADE DE PONTOS ENTRE OS DADOS E OS DOMINÓS. DEPOIS, USE OS SINAIS DE **IGUAL** (=) OU **DIFERENTE** (≠) PARA CLASSIFICAR OS PARES.

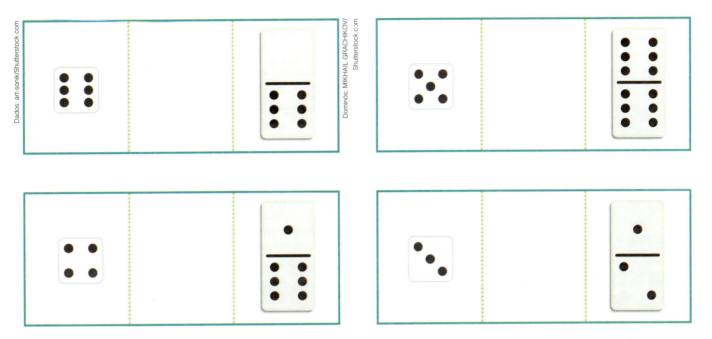

PINTE AS CESTAS **IGUAIS** E CIRCULE A CESTA **DIFERENTE**. DEPOIS, COMPLETE A FRASE.

HÁ 3 CESTAS _____ E 1 CESTA _____.

AS VAQUINHAS ESTÃO PASTANDO NA FAZENDA. OBSERVE A **POSIÇÃO** E A NUMERAÇÃO DE CADA UMA DELAS E, DEPOIS, RESPONDA:

A) A VAQUINHA QUE ESTÁ MUGINDO É A _____.

B) A VAQUINHA QUE ESTÁ COMENDO CAPIM É A _____.

C) A VAQUINHA QUE ESTÁ DE COSTAS É A _____.

D) A VAQUINHA PRETA É A _____.

E) A VAQUINHA QUE ESTÁ DORMINDO É A _____.

VAMOS SOMAR AS FRUTAS? DEPOIS, PINTE-AS.

LUNA QUER COMPRAR UMA BONECA E VAI USAR O DINHEIRO DE SEU COFRINHO PARA ISSO. VAMOS AJUDÁ-LA A CONTAR QUANTO DINHEIRO HÁ NO COFRINHO?

A BONECA CUSTA 7 REAIS. LUNA VAI CONSEGUIR COMPRAR A BONECA? CIRCULE A RESPOSTA CORRETA.

 SIM.    NÃO.

É HORA DO JANTAR! A FAMÍLIA DE FLÁVIO IRÁ COMER UMA PIZZA. OBSERVE A PIZZA E RESPONDA:

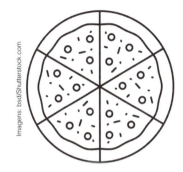

EM QUANTOS PEDAÇOS ELA ESTÁ DIVIDIDA? _____

DURANTE O JANTAR, FLÁVIO COMEU 2 PEDAÇOS E FICOU SATISFEITO. OBSERVE A SUBTRAÇÃO E RESPONDA:

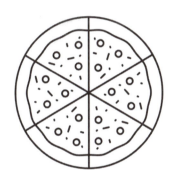 −  = _____

QUANTOS PEDAÇOS DE PIZZA SOBRARAM? DESENHE-OS.

VAMOS CALCULAR?

| EU TENHO | | EU TIREI | | EU FIQUEI COM |
|---|---|---|---|---|
| 9 moedas | − | 7 moedas | = | _____ |
| 8 moedas | − | 3 moedas | = | _____ |
| 9 moedas | − | 2 moedas | = | _____ |
| 6 moedas | − | 4 moedas | = | _____ |
| 7 moedas | − | 1 moeda | = | _____ |

A TURMA DE JÉSSICA VAI JOGAR BASQUETE E PRECISA MONTAR EQUIPES. VAMOS AJUDÁ-LA? CONTE AS CRIANÇAS E DIVIDA-AS EM DUAS EQUIPES COM A MESMA QUANTIDADE DE JOGADORES.

ESCOLHA UMA COR PARA CADA EQUIPE E PINTE O UNIFORME DOS ATLETAS.

**EQUIPE 1**

**EQUIPE 2**

_____ JOGADORES

_____ JOGADORES

VAMOS TREINAR OS NÚMEROS?

11    12    13    14    15

AGORA, DESENHE PIRULITOS ATÉ COMPLETAR AS QUANTIDADES EM DESTAQUE.

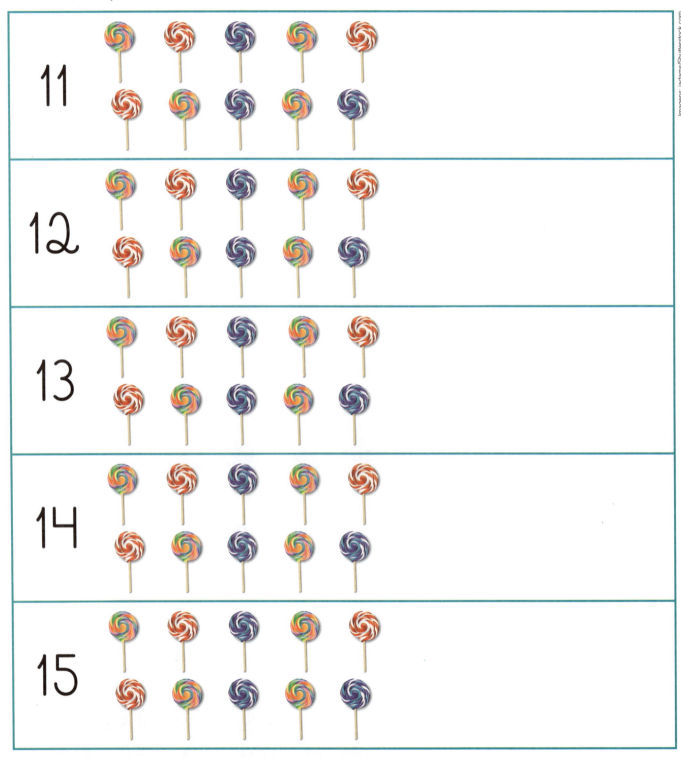

VAMOS TREINAR OS NÚMEROS?

16   17   18   19   20

LIGUE OS PONTOS DE **1** A **20** E PINTE O BALÃO COM SUA COR PREFERIDA.

FAÇA UM **X** NO NÚMERO DA RETA NUMÉRICA QUE REPRESENTA A QUANTIDADE DE ELEMENTOS.

VAMOS MEDIR O PALMO? USE O ESPAÇO ABAIXO PARA FAZER O CONTORNO DE SEU PALMO USANDO CANETINHA HIDROCOR. PEÇA A AJUDA DE UM COLEGA PARA REALIZAR ESTA ATIVIDADE.

AGORA, USANDO O PALMO, MEÇA ALGUNS OBJETOS DA SALA DE AULA.

A) MESA DO ALUNO: _____ PALMOS

B) MESA DO PROFESSOR: _____ PALMOS

C) LOUSA: _____ PALMOS

D) LARGURA DA PORTA: _____ PALMOS

PINTE OS ALIMENTOS QUE SÃO VENDIDOS POR **LITRO**.

MARQUE COM UM **X** OS ALIMENTOS QUE SÃO VENDIDOS POR **QUILO**.

VAMOS TREINAR OS NÚMEROS?

20   21   22   23   24

25   26   27   28   29

COMPLETE O QUADRO COM OS NÚMEROS QUE FALTAM E DEPOIS FAÇA O QUE SE PEDE.

| 1 | 2 | 3 |  | 5 | 6 | 7 |  |  | 10 |
|---|---|---|---|---|---|---|---|---|---|
| 11 |  | 13 | 14 |  | 16 | 17 |  | 19 | 20 |
| 21 |  | 23 |  | 25 |  |  | 28 | 29 |  |

A) PINTE DE **VERMELHO** O NÚMERO QUE ESTÁ ENTRE O **16** E O **18**.

B) PINTE DE **AZUL** O NÚMERO QUE VEM ANTES DO **2**.

C) PINTE DE **AMARELO** O NÚMERO QUE VEM DEPOIS DO **9**.

D) FAÇA UM **X** EM TODOS OS NÚMEROS TERMINADOS EM **6**.

E) FAÇA UM **X** NO PRIMEIRO NÚMERO DO QUADRO.

F) CIRCULE O ÚLTIMO NÚMERO DO QUADRO E REGISTRE-O: _____

VAMOS TREINAR OS NÚMEROS?

30   31   32   33   34

35   36   37   38   39

PINTE A SEQUÊNCIA NUMÉRICA DE **1** A **39** PARA LEVAR O MENINO AO CASTELO DE CUBOS.

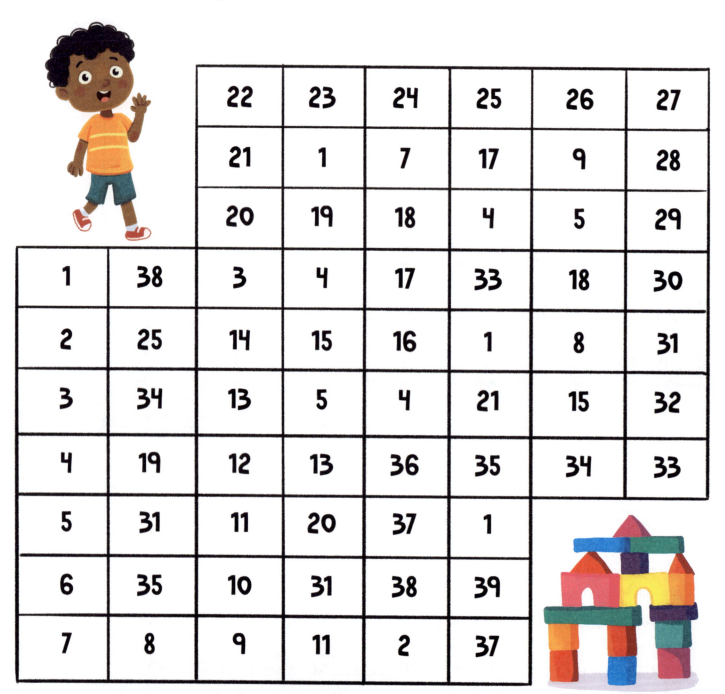

VAMOS TREINAR OS NÚMEROS?

COMPLETE OS FOGUETINHOS COM OS NÚMEROS QUE VÊM **ANTES** E **DEPOIS** DO NÚMERO EM DESTAQUE.

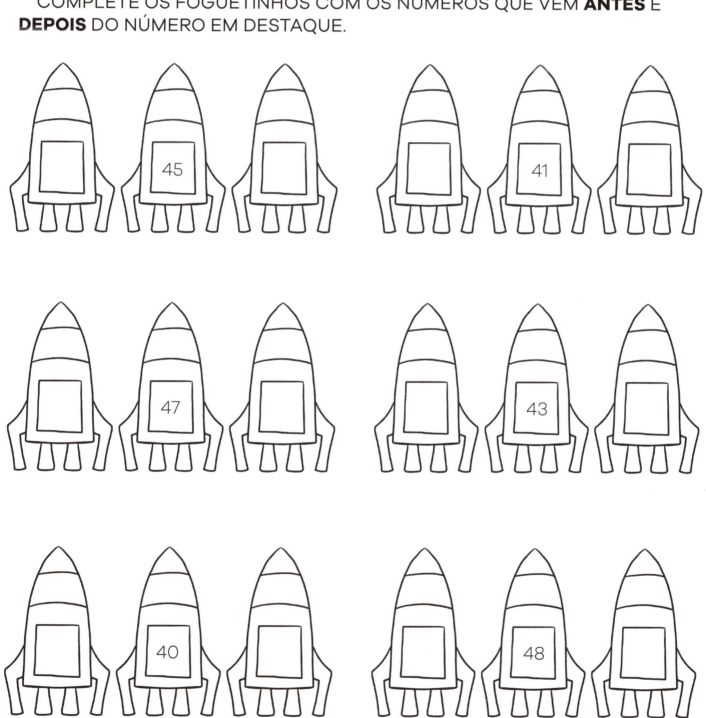

VAMOS TREINAR OS NÚMEROS?

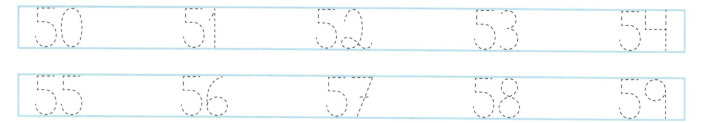

SIGA O EXEMPLO E COMPLETE O RESTANTE DO ESQUEMA.

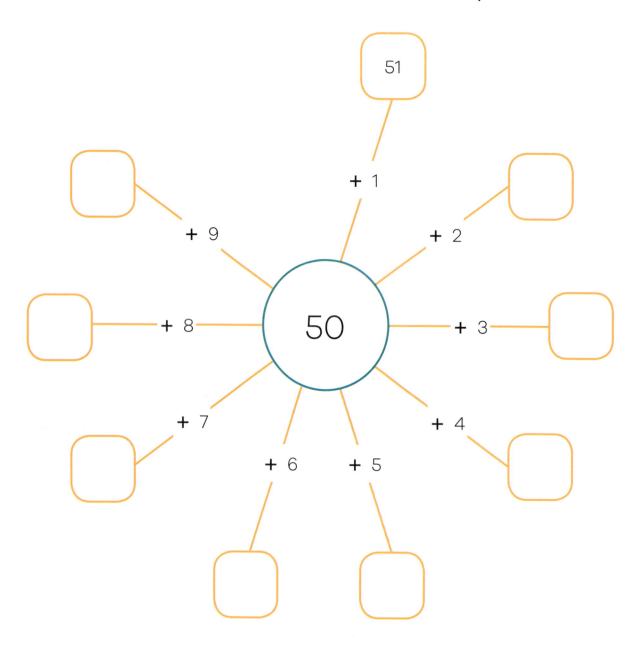

VAMOS TREINAR OS NÚMEROS?

60   61   62   63   64

65   66   67   68   69

OBSERVE O MODELO E COMPLETE O RESTANTE DA TABELA.

| | | |
|---|---|---|
| 60 | 60 + 0 = 60 | 6 DEZENAS E 0 UNIDADE |
| _____ | 60 + 1 = 61 | _____ DEZENAS E _____ UNIDADE |
| 62 | _____ + _____ = _____ | _____ DEZENAS E _____ UNIDADES |
| _____ | 60 + 3 = 63 | _____ DEZENAS E _____ UNIDADES |
| 64 | _____ + _____ = _____ | _____ DEZENAS E _____ UNIDADES |
| _____ | _____ + _____ = _____ | 6 DEZENAS E 5 UNIDADES |
| 66 | _____ + _____ = _____ | _____ DEZENAS E _____ UNIDADES |
| _____ | 60 + 7 = 67 | _____ DEZENAS E _____ UNIDADES |
| 68 | _____ + _____ = _____ | 6 DEZENAS E 8 UNIDADES |
| _____ | 60 + 9 = 69 | _____ DEZENAS E _____ UNIDADES |

VAMOS TREINAR OS NÚMEROS?

70   71   72   73   74

75   76   77   78   79

PINTE NA CALCULADORA O RESULTADO DA ADIÇÃO.

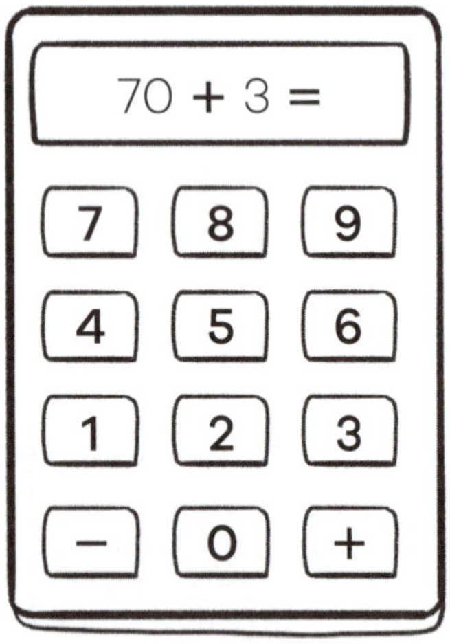

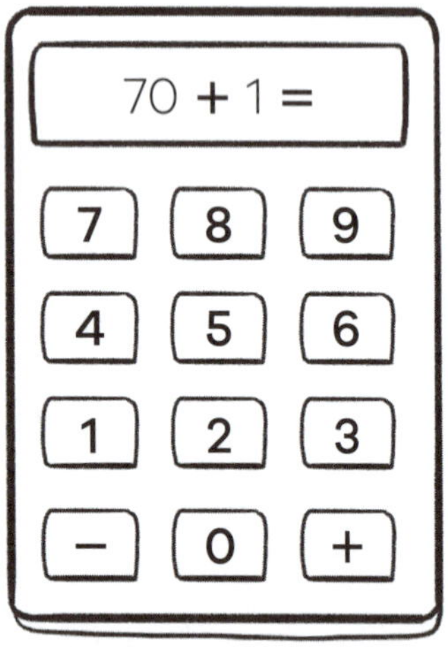

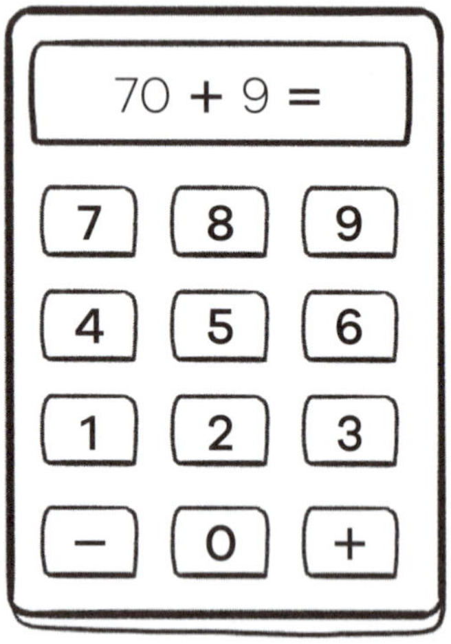

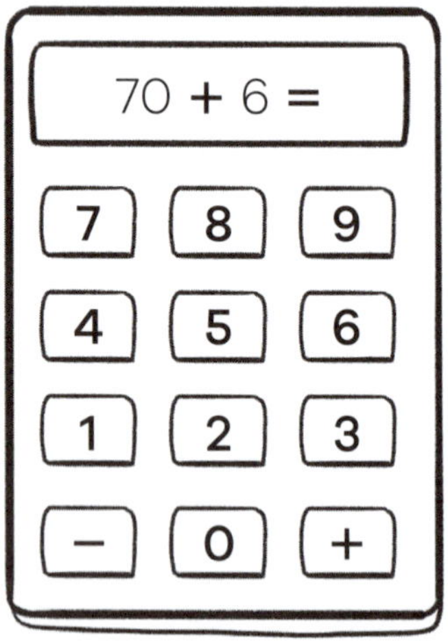

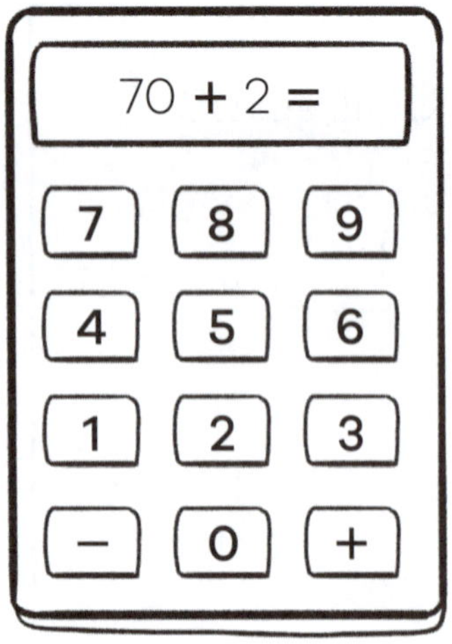

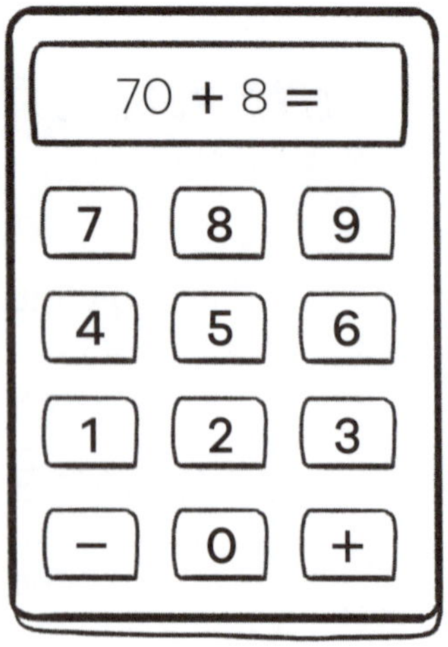

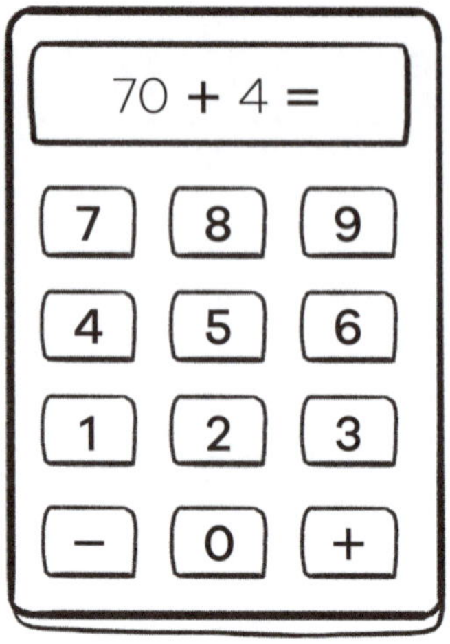

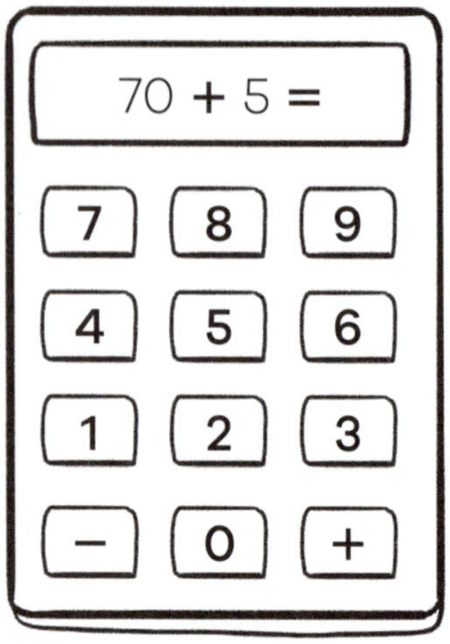

70 + 3 =

70 + 1 =

70 + 9 =

70 + 6 =

70 + 2 =

70 + 8 =

70 + 4 =

70 + 5 =

VAMOS TREINAR OS NÚMEROS?

| 80 | 81 | 82 | 83 | 84 |
| 85 | 86 | 87 | 88 | 89 |

BEATRIZ VAI COMPRAR UM PRESENTE PARA SUA MÃE. ELA ESCOLHEU UMA BOLSA QUE CUSTA 80 REAIS. DESENHE NO QUADRO CÉDULAS DE 10 REAIS PARA COMPLETAR O VALOR DO PRESENTE.

VAMOS TREINAR OS NÚMEROS?

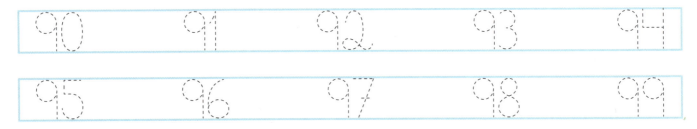

AJUDE O SAPINHO A ENCONTRAR SUA MAMÃE. SIGA PELO CAMINHO DAS DEZENAS: 10, 20, 30, 40, 50, 60, 70, 80, 90.